novum **pocket**

Patrick Breuer

Guillaume Apollinaire

Ausgewählte Gedichte

novum pocket

Bibliografische Information
der Deutschen Nationalbibliothek:

Die Deutsche Nationalbibliothek
verzeichnet diese Publikation in der
Deutschen Nationalbibliografie.
Detaillierte bibliografische Daten
sind im Internet über
http://www.d-nb.de abrufbar.

Alle Rechte der Verbreitung, auch
durch Film, Funk und Fernsehen, fotomechanische Wiedergabe, Tonträger, elektronische
Datenträger und auszugsweisen
Nachdruck, sind vorbehalten.

© 2021 novum Verlag

ISBN 978-3-99010-987-8
Umschlagfoto: Patrick Breuer
Umschlaggestaltung, Layout &
Satz: novum Verlag

Gedruckt in der Europäischen Union
auf umweltfreundlichem, chlor- und
säurefrei gebleichtem Papier.

www.novumverlag.com

Vorwort

Zwischen Romantik und Moderne steht ein Stuhl. Der Platz, den der melancholische Dichter einnimmt, ist verdeckt vom Schatten auf der einen Seite, und steht unter dem Zenit der Sonne auf der anderen. Sein Mantel ist bunt; sein Mantel ist schwarz-weiß. Er blickt in die Vergangenheit und betrachtet die Zukunft. Er ist Symbolist der letzten Epoche und er wird der erste Surrealist in der Geschichte werden. Er ist Poet und Journalist. Er ist Autor von Erzählungen und Theaterstücken. Er ist Soldat und Menschenfreund. Zwischen ungeordnetem Tanz und melodischem Gleichschritt geht ein Paar gebundener gelbbrauner Stiefel. Brücken aus Worten zerbrechen unter ihrer leichtfüßigen Bewegung.
Die Kunst des Guillaume Apollinaire ist so genial und elektrisiert, wie die großen Erfindungen seiner Zeit. Sie ist wankend wie der Eiffelturm. Standhaft wie ein Zeppelin. Apollinaire wird unter dem Namen Guglielmus Apollinaris Albertus de Kostrowitzky am 26. August 1880 in Rom geboren. Seine Mutter, Angelica Kostrowitcka, verlässt Guillaume und dessen Bruder aufgrund einer verbotenen Liebschaft und vertreibt sich die Zeit lieber mit Lust und Amüsement in den Casinos der Metropolen Europas. 1987 kehrt sie zurück und verbringt die Söhne nach Monaco, wo Guillaume seine Schulzeit auf der weiterführenden Schule Saint-Charles verlebt. 1896 besucht er die Mittelschule Stanislas in Cannes und schließt die weiterführende Schule in Nizza ab. Von dieser Zeit da-

tieren die ersten Gedichte Apollinaires. Ab 1898, nach seiner Rückkehr nach Monaco, schreibt Apollinaire seine Gedichte und Erzählungen unter verschiedenen Pseudonymen. Seine Leidenschaft zur Literatur ist es schließlich auch, die ihn nach Paris führt, die Stadt der Liebe und der Kultur. Er nimmt eine Stelle als Bürokraft in einer Bank an und knüpft in seiner Freizeit Kontakte zur Theater- und Künstlerszene der Hauptstadt. Er versucht sich als Journalist und wird im Jahr 1904 kurzzeitig zum Chefredakteur der Zeitschrift *Le Guide des Rentiers*.

In Paris war es auch, wo Apollinaire im Jahr 1905 den spanischen Maler Pablo Picasso kennenlernte. Picasso wohnte zu dieser Zeit im Bateau-Lavoir, einem verwahrlosten Haus auf dem Montmartre im 18. Arrondissement, wo schon viele Künstler ihre Ateliers eingerichtet hatten. Über diese Freundschaft mit Picasso gelangte Apollinaire immer tiefer in die Pariser Avantgarde und wurde zu einem ihrer bedeutendsten Kunstkritiker.

1907 machte Apollinaire Bekanntschaft mit der Malerin und Lyrikerin Marie Laurencien, mit der er eine anarchische Liebesbeziehung einging. In der Zeit zwischen 1907 und 1909 widmete sich der Schriftsteller vermehrt pornografischen Texten und publizierte unter anderem Werke des Marquis de Sade, nach welchem später der deutsche Psychiater Richard von Krafft-Ebing den sexualmedizinischen Fachausdruck des Sadismus prägte. 1911 bildete sich die Puteaux-Gruppe, die sich regelmäßig im Hause des französischen Malers Jacques Villon über den Kubismus und seine Bedeutung für die moderne Kunstwelt austauschte.

Bereits 1907 tauchten im Atelier Bateau Lavoir zwei primitive liberische Statuetten aus dem Louvre auf, die der bei Apollinaire einquartierte belgische Sekretär Géry Pieret, ein fröhlicher und charmanter Charakter mit Hang zum Diebstahl, aus dem berühmten Museum entwendet hatte. Die grobe Form, das blockartige Aussehen und die Beschädigungen an den Figuren, die die Zeit mit sich gebracht hatten, inspirierten Picasso zu seinen kubistischen Werken. Im selben Jahr tauchte Pieret unter und ging nach Amerika, von wo er 1911 nach Paris zurückkehrte. Er nahm seine Kontakte zum Louvre wieder auf und entwendete erneut eine phönizische Statue. In einem Schreiben offerierte er sie dem *Paris-Journal*. Bei ihren Recherchearbeiten stießen die Journalisten auf mögliche Kontaktpersonen des anonymen Verfassers, und dabei auch auf die beiden Mitwisser aus dem kleinen Appartement. Im selben Jahr 1911 verschwindet aus dem Louvre das wohl berühmteste Kunstwerk, die Mona Lisa. Apollinaire und Picasso, wissend, dass sie unter dem Verdacht der Mithilfe stehen würden, schmiedeten jenen skurrilen Plan, bei dem sie beschließen, die liberischen Statuetten in einem Koffer von einer Brücke der Seine in den Fluss zu werfen. Um Mitternacht machten sich die beiden zu Fuß auf den Weg, kehrten aber in den frühen Morgenstunden erfolglos nach unvollendeter Tat in das Atelier zurück. Schließlich betrat die französische Gendarmarie die Räume Apollinaires und verhaftete ihn. Nach zwei Tagen gestand er seine Beziehungen zu Picasso. Auch Picasso wurde verhört, bestritt aber, Apollinaire jemals zuvor gesehen oder dessen Bekanntschaft gemacht zu haben. Aufgrund der dünnen Indizienlage musste die Anklage fallengelassen werden. Picasso und Apollinaire trennten sich.

Mit Ausbruch des Ersten Weltkrieges meldete sich Apollinaire im Zuge einer patriotischen Anwandlung als Freiwilliger für die Französische Armee. Als Ausländer wurde er durch die Rekrutierungsbehörden aber abgelehnt. Im Dezember 1914 beantragte er seine Einbürgerung und trägt seitdem offiziell den Namen *Guillaume Apollinaire*. Er durchläuft die Offiziersausbildung und zieht 1915 als Fremdenlegionär in den Krieg. Dessen Elend und Verwüstungen erschüttern ihn. Im März 1916 wird er von einem Schrapnell am Schädel verletzt und muss mehrfach operiert werden. Er blieb bis zu seinem Tode im November 1918 in Paris, gründete gemeinsam mit den Schriftstellern Pierre Reverdy und Max Jacob die Literaturzeitung *Nord-Sud* und machte Bekanntschaft mit bedeutenden Künstlern seiner Zeit, darunter dem Begründer der Surrealismus-Bewegung André Breton, den er in der wilden Poesie des Comte de Lautréamont unterrichtete.

Guillaume Apollinaire gilt bis heute als einer der bekanntesten und einflussreichsten Poeten moderner Poesie in Frankreich. Seine Dichtungen schreiben eine neue und fantastische Zeile auf das linierte Papier der Literaturgeschichte.

Alkohol

Zone

Am Ende hast du diese antiquierte Welt satt

Schäferin o Eiffelturm an diesem Morgen
Blökt die Herde der Brücken

Du hast es satt im antiken Griechenland oder Rom zu leben

Sogar die Autos sehen hier alt aus
Allein die Religion ist eine neue Religion geblieben
Einfach wie die Hangars am Port-Aviation

Nur in Europa bist du nicht alt oh Christentum
Papst Pius X. ist der modernste Europäer
Und dich den die Fenster beobachten hält die Scham zurück
An diesem Morgen eine Kirche zu betreten
Um die Beichte abzulegen
Du liest die Kataloge Plakate Prospekte die laut singen
Heute Morgen ist hier die Poesie
Und für die Prosa gibt es Zeitungen
Es gibt Exemplare zu 25 Cent voll mit
Abenteuern der Polizei
Porträts großer Männer und tausend verschiedene Titel

Ich habe heute Morgen eine hübsche Straße gesehen
Deren Namen ich vergessen habe
Neu und sauber das Signalhorn der Sonne blies
Die Direktoren die Arbeiter
Und die prachtvollen Schreibkräfte
Spazieren viermal am Tag auf ihr entlang
Von Montagmorgen bis Samstagabend

Dreimal heult die Sirene dort am Morgen
Gegen Mittag bellt eine wahnsinnige Glocke
Was auf den Schildern geschrieben steht
Ist auf die Wände gekritzelt
Auf Werbetafeln und sorgt für Geschnatter
Gleich wie bei Papageien
Ich liebe die Anmut dieser Industriestraße in Paris
Zwischen der Rue Aumont-Thiéville
Und der Avenue des Ternes

Hier ist die junge Straße
Und du bist noch immer das kleine Kind
Deine Mutter kleidet dich ganz in blau und weiß
Du bist sehr fromm du
Und dein ältester Freund René Dalize
Du liebst nichts mehr als den Pomp der Kirche
Es ist neun Uhr die niedrigen Gaslaternen leuchten blau
Du schleichst dich aus dem Bett
Du betest die ganze Nacht in der Schulkapelle
Wo ein ewiger entzückender tiefer Amethyst
Die Flamme der Herrlichkeit Christi für immer tanzen lässt
Die schöne Lilie die von der Welt angebetet wird
Die rothaarige Fackel die der Wind nicht löschen kann
Der gewaschene zinnoberrote Sohn der trauernden Mutter
Der immergrüne Baum aller Gebete
Der doppelstämmige Galgen der Ehre und der Ewigkeit
Der Sechszackige Stern
Der Gott der an einem Freitag stirbt
Und am Sonntag wieder aufersteht
Christus der höher in den Himmel steigt als ein Flieger
Er hält den weltweiten Höhenrekord

Christus Pupille des Auges
Der zwanzigste Schüler des Jahrhunderts weiß wie es geht
Und verwandelt sich in diesem Jahrhundert
In einen Vogel der sich in die Lüfte hebt wie Jesus
Die Teufel in der Tiefe heben ihre Köpfe
Um ihm nachzuschauen
Sie sagen er ahmt Simon Magnus in Judäa nach
Sie nennen ihn Dieb wenn er stiehlt
Die Engel flattern um den schönen Akrobaten
Ikarus Henoch Elie Apollonius von Thyane
Schweben um das erste Flugzeug
Manchmal treten sie beiseite um jene durchzulassen
Die die Heilige Eucharistie tragen
Jene Priester die endlos die Hostie emporheben
Schließlich landet das Flugzeug
Ohne die Flügel zusammenzuklappen
Sodann füllt sich der Himmel mit Millionen Schwalben
Flügelschlagend kommen die Krähen die Falken die Eulen
Aus Afrika strömen die Ibisse die Flamingos
Und die Marabus
Der Vogel Roch der von Geschichtenerzählern
Und Dichtern geschätzt wird
Gleitet mit Adams Totenschädel dem ersten Kopf
In seinen Krallen
Der Adler springt mit lautem Schrei aus der Luft
Und aus Amerika kommt der kleine Kolibri
Aus China kommen die langen und wendigen Pihis
Sie teilen sich einen Flügel und fliegen paarweise
Dann ist hier die makellose Geistertaube
Eskortiert vom Leiervogel und dem augenbefleckten Pfau
Der Phönix jener sich selbst entzündete Scheiterhaufen
Verhüllt für einen Augenblick alles in seiner feurigen Asche

Die drei Sirenen verlassen ihre gefährlichen Meerengen
Und landen mit wunderschönem Gesang
Und der Adler der Phönix und der chinesische Pihi
Verbrüdern sich mit der Flugmaschine

Jetzt durchstreifst du Paris ganz allein in der Menge
Herden brüllender Busse rollen vorbei
Der Schmerz der Liebe schnürt dir die Kehle zu
Als ob du nie wieder geliebt werden sollst
Hättest du eher gelebt wärest du in ein Kloster eingetreten
Du schämst dich wenn du dich selbst beim Beten ertappst
Du verspottest dich selbst und dein Lachen funkelt
Wie das Höllenfeuer
Die Funken deines Lachens vergolden die tiefen Winkel
Deines Lebens
Das wie ein Bild in einem dunklen Museum hängt
Welches du manchmal genau betrachtest

Heute spazierst du durch Paris die Frauen sind blutgetränkt
Es geschah und ich möchte es lieber vergessen
Als die Schönheit verschwand

Umgeben von lodernden Flammen betrachtete mich
Notre Dame in Chartres
Das Blut deines Heiligen Herzens überflutete
Mich in Montmartre
Ich habe es satt die gesegneten Worte zu hören
Die Liebe unter der ich leide
Ist eine beschämende Krankheit
Und das Bild das dich verfolgt ist quälend und rastlos
Immer wieder zieht das Bild an dir vorbei

Jetzt bist du an der Mittelmeerküste
Unter den Zitronenbäumen die das ganze Jahr über blühen
Du unternimmst eine Bootsfahrt mit deinen Freunden
Einer stammt aus Nice ein anderer aus Menton
Zwei aus La Turbie
Wir beobachten voller Furcht den Oktopus in der Tiefe
Und zwischen den Algen schwimmen Fische
Bildnisse des Erlösers

Du befindest dich in dem Garten eines Gasthauses
Am Stadtrand von Prag
Du bist sehr glücklich dass auf dem Tisch eine Rose liegt
Anstatt deine Geschichte zu schreiben beobachtest du
Einen schlafenden Blatthornkäfer im Herzen der Rose

Erschrocken erkennst du dich in den Achaten
Von Saint-Vit wieder
Du warst zu Tode betrübt an dem Tag
Als du dich selbst gesehen hast
Du siehst aus wie Lazarus geblendet vom Sonnenlicht
Die Zeiger der Uhr im jüdischen Viertel
Drehen sich rückwärts
Auch du bewegst dich in deinem Leben langsam zurück
Du besteigst Hradchin und lauschst abends
Tschechischen Liedern in den Tavernen

Hier bist du in Marseille inmitten der Wassermelonen

Hier in Koblenz im Hotel du Géant

Hier in Rom sitzend unter einem Wollmispelbaum

Hier bist du in Amsterdam mit einem jungen Mädchen
das du für schön hältst das aber hässlich ist
Sie ist mit einem Student aus Leyden verlobt
Dort sind Zimmer zu vermieten im Latin Cubicula locanda
Ich erinnere mich an drei verbrachte Tage hier
Und genauso viele in Gouda

Du stehst in Paris vor dem Untersuchungsrichter
Wie ein gewöhnlicher Dieb wurdest du verhaftet

Du hast schmerzhafte und glückliche Reisen gemacht
Bevor du die Lüge und das Alter bemerktest
Die Liebe hat dich mit zwanzig und dreißig leiden lassen
Ich habe wie ein Verrückter gelebt
Und meine Jahre verschwendet
Du wagst es nicht mehr auf deine Hände zu sehen
Und plötzlich könnte ich weinen
Für dich für meine eine Liebe für alles
Wovor du dich gefürchtet hast

Die Tränen rollen du schaust
Auf diese armen Emigranten bei Gare St Lazare
Sie glauben an Gott sie beten
Dass ihre Frauen die Kinder stillen
Ihr Geruch füllt die Bahnhofshalle von Saint-Lazare
Wie die Weisen glauben sie an ihren Stern
Sie hoffen Geld in Argentinien zu verdienen
Um als reiche Leute in ihre Heimat zurückzukehren
Eine Familie trägt eine rote Decke wie du dein Herz trägst
Diese Decke ist nicht realer als unsere Träume
Einige Emigranten bleiben
Und finden eine Unterkunft in den Armenvierteln

In der Rue Rosiers der Rue des Ecouffeus
Viele Abende beobachtete ich sie auf der Straße
Beim Luftschnappen
Wie Schachfiguren haben sie sich nur selten bewegt
Die meisten waren Juden deren Frauen Perücken tragen
Blass wie der Tod sitzen sie
In der hintersten Ecke der Läden

Du stehst an der Theke in einer zwielichtigen Bar
Du trinkst einen zwei-Penny-Kaffee mit den Unglücklichen

Du befindest dich zur Nacht in einem großen Restaurant

Die Frauen dort sind nicht bösartig aber die haben Sorgen
Alle selbst die Hässlichsten
Haben ihre Liebhaber leiden lassen

Die ist die Tochter eines Polizeioffiziers aus Jersey

Ihre Hände die ich nicht sehen konnte
Sind schwielig und hart

Ich empfinde Mitleid für die Nähte an ihrem Bauch

Dann zügle ich meine Sprache für ein armes Mädchen
Mit einem fürchterlichen Lachen

Du bist allein der Morgen naht
Auf der Straße rasseln die Milchmänner mit ihren Dosen

Die Nacht geht vorbei wie ein wunderschönes
Halbblutmädchen

Es ist Ferdina die Falschheit oder Leah die Aufmerksamkeit

Und du trinkst diesen Alkohol der wie dein Leben brennt
Dein Leben das du aussaugst wie Brandy

Du stürzt voran in Richtung Auteuil
Und möchtest nach Hause laufen
Um zwischen deinen Fetischen aus
Ozeanien und Guinea einzuschlafen
Sie sind andere Christusse ein anderer Glaube
Sie sind die niederen Christusse der obskuren Hoffnungen

Leb wohl leb wohl

Von der Sonne abgeschnittener Kopf

Die Mirabeu-Brücke

Unter der Pont Mirabeu fließt die Seine
Und unsere Liebe
Ich erinnere mich
Die Freude folgte immer dem Schmerz

Schlage die Stunde Nacht eile herbei
Die Tage vergehen ich bleib'

Hand in Hand lass uns bleiben von Gesicht zu Gesicht
Während unter dem Bogen
Unserer Arme
Die ewig müden Fassaden der Wellen fließen

Schlage die Stunde Nacht eile herbei
Die Tage vergehen ich bleib'

Die Liebe verfließt wie das Wasser plätschert
Die Liebe fließt fort
Wie das Leben so langsam
Wie schmerzlich ist die Hoffnung

Schlage die Stunde Nacht eile herbei
Die Tage vergehen ich bleib'

Die Tage fließen vorbei und die Wochen
Keine Zeit kommt zurück
Und keine Liebe
Unter der Pont Mirabeu fließt die Seine

Schlage die Stunde Nacht eile herbei
Die Tage vergehen ich bleib'

Lied eines ungeliebten Mannes
Für Paul Léautaud

Und ich habe diese Romanze gesungen
Im Jahr 1903 ohne zu wissen
Dass meine Liebe einem
Prächtigen Phönix gleicht der in einer Nacht
Stirbt und am nächsten Morgen wiederaufersteht

Eines Abends im Londoner Halbnebel
Kam mir ein Rüpel der aussah wie
Meine Liebe entgegen
Und der Blick den er mir zuwarf
Ließ mich den Kopf vor Scham senken

Ich folgte diesem Tunichtgut
Der vor sich hin pfiff die Hände in den Taschen
Zwischen den Häusern glichen wir
Jenem geteilten Roten Meer
Er der Hebräer ich der Pharao

Mögen die Wellen aus Ziegeln zerbrechen
Wenn ich dich nicht aufrichtig geliebt habe
Ich bin der König Ägyptens
Seine Schwester-Gemahlin und seine Armee
Wenn du nicht die einzige Liebe bist

An der Ecke einer brennenden Straße
Mit all den leuchtenden Fassaden
Den blutbefleckten Wunden des Nebels
Und all den klagenden Häuserfronten
War eine Frau zu sehen die ihm ähnelte

Ihr Blick war nicht der eines Menschen
Eine Narbe klaffte an ihrem nackten Hals
Sie stürzte betrunken aus einer Kneipe
Gerade in dem Augenblick als ich
Die Treulosigkeit der Liebe erkannte

Als der weise Odysseus endlich in
Seine Heimat zurückgekehrt war
Erinnerte sich sein alter Hund an ihn
Und neben einem hohen fein gewebten Wandteppich
Wartete bereits seine Frau auf seine Rückkehr

Shâkuntalâs königlicher Ehemann
Müde vom Siegen war entzückt
Als er sie blass vorfand
Mit liebevollem Blick und voller Erwartung
Streichelte er ihre männliche Gazelle

Ich dachte an jene glücklichen Könige
In dem Augenblick als der falschen Liebe und jener
In die ich immer noch verliebt bin
Schatten aufeinandertrafen
Und mich elend zurückließen

Bedauert worauf die Hölle errichtet wurde
Ich bete um den Segen des Vergessens
Für einen einzigen Kuss wären die Könige dieser Welt
Gestorben die Armen die Bedeutenden
Hätten für sie ihren Schatten verkauft

Ich habe in meiner Vergangenheit überwintert
Die Ostersonne kehrt zurück
Sie wärmt ein gefrorenes Herz mehr
Als die vierzig Märtyrer von Sebaste die
Weniger gemartert wurden als mein Leben

Mein prachtvolles Schiff o meine Erinnerung
Sind wir weit genug gesegelt
Durch Gewässer zu schrecklich um sie zu trinken
Haben wir den Kurs weit genug geändert
Von der leuchtenden Morgendämmerung zur traurigen Nacht

Lebe wohl falsche Liebe die ich
Mit diesen Frauen auf dem Rückzug verwechselte
Mit der einen die ich
Im vergangenen Jahr in Deutschland verlor
Und die ich nie wiedersehen werde

Milchstraße du leuchtende Schwester
Der weißen Ströme von Kanaan
Und der weißen Körper der Liebenden
Die toten Schwimmer werden dir folgen
Auf deinem Kurs zu anderen Nebeln

Ich erinnere mich an ein anderes Jahr
Es war im Morgengrauen eines April-Tages
Ich besang die Freuden der Liebe
Besang die Liebe mit männlicher Stimme
Zur Zeit der Liebe des Jahres

Aubade
Gesungen am Laetare vor einem Jahr

Der Frühling ist in Pâquette angekommen
Zeit für einen Spaziergang in den schönen Wäldern
Die Hühner gackern auf dem Hof
Der Dämmerung rosa Falten liegen auf dem Himmel
Die Liebe ist gekommen um dich zu erobern

Mars und Venus sind zurückgekehrt
Sie küssen sich auf ihre leidenschaftlichen Münder
An jungfräulichen Plätzen
Wo unter den jungen Rosen
Schöne nackte rosa Götter tanzen

Komm meine Zärtlichkeit dirigiert
Die neue Blüte die dort wächst
Die Natur ist hübsch und anschmiegsam
Im Walde flötet der Pan
Die feuchten Frösche quaken

Viele Götter starben
Um sie trauern die Weiden
Der große Pan liebt Jesus Christus
Sie sind tot und die Katzen miauen
Ich weine auf einem Hof in Paris

Ich kenne selbst Lieder für Königinnen
Die Klagen meiner verflossenen Jahre
Sklavenhymnen für die Muränen
Die Ballade des ungeliebten Mannes
Und Lieder für Meerjungfrauen

Die Liebe ist tot und das lässt mich erschaudern
Ich verehre die schönen Idole
Die Erinnerungen ähneln ihnen
Ich bleibe schmerzerfüllt und treu
Wie die Frau des Mausolos

Treu wie eine Dogge
Zu ihrem Herren der Efeu zu den Bäumen
Und die Saporoger Kosaken
Fromme Säufer und Diebe
Der Steppen und der Zehn Gebote

Sie tragen den Halbmond wie ein Joch
Den die Astrologen in Frage stellen
Ich bin der allmächtige Sultan
O meine Saporoger Kosaken
Euer erleuchteter Herr

Werdet meine treuen Untertanen
Hatte der Sultan ihnen geschrieben
Sie lachten als sie von diesen Neuigkeiten lasen
Und bei Kerzenschein
Verfassten sie sogleich eine Antwort

**Antwort der Saporoger Kosaken
an den Sultan von Konstantinopel**

Verbrecherischer als Barabbas
Mit Hörnern wie ein böser Engel
Welch' Beelzebub bist du
Fütterst uns mit Schlamm und Dreck
Wir werden nicht zu deinem Sabbat kommen

Verrotteter Fisch aus Saloniki
Halskette schlechter Träume
Mit Dornen ausgestochene Augen
Deine Mutter ließ einen verpesteten Furz
Und aus ihrer Kolik wurdest du geboren

Henker von Podolien
Feinschmecker der Wunden und Geschwüre
Schweineschnauze und Pferdehintern
Behalte deinen Reichtum behalte alles
Um deine Medizin zu bezahlen

Milchstraße du leuchtende Schwester
Der weißen Ströme von Kanaan
Und der weißen Körper der Liebenden
Die toten Schwimmer werden dir folgen
Auf deinem Kurs zu anderen Nebeln

Bedauernswerte Augen der Hure
Auffallend wie ein Panther
Dein Florentiner Kuss
Hatte einen bitteren Beigeschmack meine Liebe
Der unser Schicksal zurückwies

Ein Blick hinterließ eine Sternenspur
Die den Abendhimmel erzittern ließ
Sirenen schwammen in den Augen
Unsere blutig gebissenen Küsse
Brachten feenhafte Göttinnen zum Weinen

In Wahrheit wartete ich
Mit meinem ganzen Herzen mit meiner ganzen Seele
Auf der Brücke von Bitte-Komm-Zurück
Wenn diese Frau jemals zurückkehrt
Werde ich ihr sagen dass ich glücklich bin

Mein Herz und mein Kopf sind leer
Der ganze Himmel fließt durch sie hindurch
O mein Fass der Danaiden
Wo liegt das Glück
Eines unverdorbenen Kindes

Niemals werde ich sie vergessen
Meine Taube mein weißer Hafen
Mein blattloses Gänseblümchen
Meine ferne Insel mein Désirade
Meine Rose mein Nelkenbaum

Satyr und Pyrausta
Aegipan in den Irrlichtern
Verfluchte und faustische Schicksale
Das Seil um den Hals wie in Calais
Für meinen Schmerz welch' Holocaust

Der Schmerz der das Schicksal verstärkt
Das Einhorn und der Steinbock
Meine Seele und mein fraglicher Körper
Fliehen vor dir o göttlicher Scheiterhaufen
Geschmückt mit Sternen und Morgenblumen

Blasser Unglücksgott mit Elfenbeinaugen
Haben dich deine verrückten Priester eingekleidet
Haben deine schwarz-gekleideten Opfer
Vergebens geweint
Trügerischer Kummergott

Und du kriechst mir hinterher
Gott meiner Götter sterbend im Herbst
Der mein Leben bestimmt
Ich habe das Recht das mir die Erde verleiht
O mein Schatten meine antike Schlange

Weil du sie liebst ließ ich dir
Die Erinnerung an die Sonne
Schatten der Frau die ich liebe
Weil du nicht bist gehörst du mir
O mein um mich trauernder Schatten

Der Winter starb vom Schnee bedeckt
Verbrannten wir die weißen Bienenstöcke
In den Gärten und Obstplantagen
Die Vögel in den Zweigen singen
Strahlender April leuchtender Frühling

Der Tod der unsterblichen Argyraspiden
Der Schnee mit silbernem Schild
Flieht vor den Dendrophoren
Im Frühling von den Armen geliebt
Deren feuchte Augen lächeln

Mein Herz ist so groß
Wie der Hintern einer Damaszener-Dame
O meine Liebe ich liebte dich zu sehr
Mein Schmerz ist nun zu schwer
Die sieben Schwerter wurden aus der Scheide gezogen

Ihr sieben Schwerter der Melancholie
Eure stumpfen nackten Klingen
Wohnen in meinem Herzen und meinem Wahnsinn
Zeugen von meinem Elend
Wie kann ich es vergessen

Die sieben Schwerter

Das erste ist ganz aus Silber
Und sein zitternder Name ist Palina
Seine Klinge war der schneebedeckte Winterhimmel
Ghibellinen sein blutiges Los
Der Vulcan starb als es geschmiedet wurde

Das zweite mit dem Namen Schnittundasche
Ist ein schöner flammender Regenbogen
Die Götter führten es bei ihrer Hochzeit mit sich
Es tötete dreißig Ritter
Es war ein Geschenk von Carabosse

Das dritte in weiblichem Blau
Und nicht minder zypriatisch
Es trägt den Namen Fallindiehand
Es wird auf einem Tuch getragen
Von Ernest Hermès einem Zwerg

Das vierte Loumeineliebe
Ist ein grüner und goldener Fluss
Am Abend steigen die Bewohner hinab
Und baden ihre anbetungswürdigen Körper
Wo die Lieder der Bootsleute spielen

Das fünfte mit Namen Die Heilige Seischön
Ist der lieblichste Spinnrocken
Es ist die Zypresse auf einem Grab
Auf dem die vier Winde knien
Und wo jede Nacht eine Fackel brennt

Das sechste Metall des Ruhmes
Ist der Freund mit den sanftesten Händen
Von dem uns jeder Morgen trennt
Das Lebewohl der Weg der dich führt
Die Hähne krähen sich zu Tode

Und das siebte ist vergänglich
Eine Frau eine tote Rose
Es wird den Letzten der eintritt bitten
Die Tür zu meiner Liebe zu schließen
Jenen den ich nie gekannt habe

Milchstraße du leuchtende Schwester
Der weißen Ströme von Kanaan
Und der weißen Körper der Liebenden
Die toten Schwimmer werden dir folgen
Auf deinem Kurs zu anderen Nebeln

Die schelmischen Dämonen des Zufalls lenken uns
Den Pfad der himmlischen Lieder hinab
Zum Klang der Geigen
Lassen sie die Menschen
Beim Abstieg rückwärts tanzen

Verhängnis undurchdringliches Verhängnis
Könige vom Wahnsinn erschüttert
Und die zitternden Sterne
Die falschen Frauen in deinem Bett
Wüsten die die Geschichte in Trümmer legen

Lutipold der alte Prinzregent
Erzieher zweier verrückter Souveräne
Muss weinen wenn er sich an sie erinnert
Wenn die Glühwürmchen flimmern
Jene goldenen Fliegen des Johannes-Tages

In der Nähe der Burg Sans Chatelaine
Auf dem mit Barkarolen beladenen Boot
Über dem weißen See der von des
Frühlings zitterndem Wind eingeatmet wurde
Segelt eine Schwanensirene in den Tod

Eines Tages ertrank der König
Im silbernen Wasser mit offenem Mund
Und wurde ans Ufer gespült
Wo er reglos schlief
Mit dem Gesicht dem wechselhaften Himmel zugewandt

Juni deine flammende Sonnenleier
Verbrennt meine wunden Finger
Mit traurig-klangvollem Delirium
Ich schlendere durch mein geliebtes Paris
Ohne dass das Herz stirbt

Hier nehmen die Sonntage kein Ende
Und die Drehorgeln schluchzen
In grauen Innenhöfen
Die Blumen auf den Balkonen von Paris
Neigen sich wie der Turm von Pisa

Pariser Abende blau vom Gin
Sprühende Funken der Elektrizität
Straßenbahnen mit grünen Lichtern auf dem Rücken
Musizieren entlang der Schienen
Den Wahnsinn der Maschinen

Verrauchte Cafés
Schreien ihre Zigeunerliebe heraus
Aus ihren rheumatischen Siphons
Aus ihren beschürzten Kellnern
Für dich meine große Liebe

Ich kenne selbst Lieder für Königinnen
Die Klagen meiner verflossenen Jahre
Sklavenhymnen für die Muränen
Die Ballade des ungeliebten Mannes
Und Lieder für Meerjungfrauen

Krokusse

Im Herbst ist die Wiese verseucht doch sie ist wunderschön
Die Kühe grasen
Und vergiften sich langsam
Krokusse in den Farben von Augenringen und Flieder
Blühen dort und gleichen deinen blühenden Augen
Gewaltsam wie ihre Ringe und dieser Herbst
Und für deine Augen vergiftet sich mein Leben ganz langsam

Lärmende Schulkinder kommen herbei
In Kittel gekleidet und spielen Mundharmonika
Sie pflücken Krokusse die wie Müttern sind
Die Töchter ihrer Töchter die Farbe deiner Augenlider
Sie flattern wie Blumen im närrischen Wind

Der Rinderhirte singt sanft
Während das muhende Vieh langsam aufgibt
Dieses große Herbstfeld ist übersät mit Elend

Kantor

Und die einzelne Saite der Meerestrompeten

Dämmerung
Für Mademoiselle Marie Laurencin

Beweidet von den Schatten der Toten
Auf dem Rasen wo der Tag verblasst
Betrachtet die nackte Akelei
Die Spiegelungen ihres Körpers im Teich

Ein Scharlatan in der Dämmerung
Rührt die Werbetrommel für die Show
Sterne so blass wie Milch
Übersäen den Paillettenhimmel

Von der Bühne begrüßt zu Beginn
Der blasse Harlekin die Zuschauer
Magier aus Böhmen
Einige Feen und Hexer

Dann löst sich ein Stern
Und wird von ausgestreckten Armen herumgewirbelt
Während der Fuß eines herabhängenden Mannes
Den Takt der Becken schlägt

Der blinde Mann wiegt ein schönes Kind
Das Reh zieht vorbei mit seinen Kitzen
Der Zwerg sieht traurig zu
Wie Trismegistos immer größer wird

Annie

An der Küste von Texas
Zwischen Mobile und Glaveston befindet sich
Ein großer Garten voller Rosen
Dort steht auch eine Villa
Gleich einer großen Rose

Immer wieder spaziert eine Frau
Ganz alleine in dem Garten
Und wenn ich an der mit
Linden gesäumten Straße vorbeikomme
Schauen wir einander an

Da diese Frau Mennonitin ist
Tragen ihre Rosen und ihre Kleider keine Knöpfe
Auch an meiner Jacke fehlen zwei
Die Dame und ich folgen beinahe demselben Ritus

Geleit
Für M. Léon Bailby

Stiller Vogel im Rückwärtsflug
Der nistet in hohen Lüften
Am Rand wo die Erde leuchtet
Senke dein zweites Augenlid die Erde blendet dich
Wenn du den Kopf hebst

Auch ich bin zu nah bin dunkel und glanzlos
Ein Nebel der die Laternen dämpft
Eine Hand die plötzlich die Augen verdeckt wie
Ein Bogen der von dir zu jedem Licht führt
Und ich werde leuchtend den Weg durch die
Schatten durchschreiten
Und meine Augen auf die geliebten Sterne richten

Stiller Vogel im Rückwärtsflug
Der nistet in hohen Lüften
Meine Erinnerung ist nun ein Leuchten geworden
Senke dein zweites Augenlid
Nicht der Sonne wegen nicht der Erde
Sondern wegen dieses lang gezogenen Feuers das stärker wird
Bis dies das einzige Licht geworden ist das bleiben wird

Eines Tages
Eines Tages habe ich auf mich gewartet
Guillaume sagte ich zu mir es wird Zeit dass du zu dir findest
Damit ich endlich herausfinden kann wer ich bin
Ich der die anderen kennt
Erkenne sie durch meine fünf Sinne und einige andere
Ich muss nur ihre Füße sehen um sie zu

Tausenden zurückzuholen
Ihre panischen Füße sehen ein einziges Haar ihres Kopfes
Oder ihre Zunge wenn ich den Arzt spiele
Oder ihre Kinder wenn ich den Propheten spiele
Die Schiffe der Reeder meiner Freunde Federn
Die Münzen der Blinden die Hände der Stummen
Oder allein des Wortschatzes wegen nicht wegen der Tinte
Einen Brief der vor über zwanzig Jahren verfasst wurde
Ich muss nur den Duft ihrer Kirchen riechen
Den Geruch der Flüsse in ihren Städten
Den Duft der Blumen in den Parkanlagen
O Cornelius Agrippa schon der Geruch eines
Mopses hätte genügt
Um deine Landsleute in Köln genau zu beschreiben
Ihre weisen Könige ihre umherwandernden Ursulinerinnen
Jene die dich über die Frauen in die Irre geleitet haben
Ein Hauch kultivierten Lorbeers führt mich zur
Liebe oder zum Hohn
Und allein ihre Kleider zu berühren
Sagt mir ob sie die Kälte spüren
Die Menschen die ich kenne
Allein der Klang ihrer Schritte
Sagt mir welche Richtung sie eingeschlagen haben
Ich glaube all das gibt mir das Recht
Andere wiederzubeleben
Eines Tages habe ich auf mich gewartet
Guillaume sagte ich zu mir es wird Zeit dass du zu dir findest
Und jene die ich liebte kamen mit lyrischen Schritten
Ich befand nicht unter ihnen
Mit Seetang bedeckte Riesen durchstreiften
Ihre versunkenen Städte deren Türme Inseln waren
Und dieses in der Tiefe leuchtende Meer war das Blut

In meinen Adern das mein Herz schlagen ließ
Dann durchzogen eintausend weiße Stämme das Land
Jeder Mann trug eine Rose in der Hand
Und die Sprache die sie unterwegs erfunden hatten
Habe ich mir von ihnen angeeignet
Und spreche sie noch immer
Das Gefolge zog vorüber und ich suchte nach meinem Körper
Alle die vorüberzogen und nicht ich waren
Trugen Teile von mir eins nach dem anderen
Stück für Stück wurde ich zusammengefügt
Wie ein sich erhebender Turm
Die Menschen drängten sich und ich erschien
Zusammengesetzt aus all diesen Körpern
Und all dem Menschlichen

Die Zeit vergeht die Götter die mich erschufen sind vergangen
Ich lebe nur vorübergehend wie du vorübergingst
Meine Augen wenden sich von dieser leeren Zukunft ab
In mir sehe ich die ganze Vergangenheit erstehen

Nichts ist tot außer was noch nicht existiert
Neben der strahlenden Vergangenheit erscheint das
Morgen farblos
Es besitzt keinen Umriss auf der vollkommen
Vereinigung von Ursache und Wirkung

Marizibill

Auf der Hauptstraße in Köln
Patrouillierte sie jeden Abend
Um jedem ihre süßen Dienste anzubieten
Dann trank sie müde vom Pflaster
Bis spät hinein in düsteren Kneipen

Sie legte sich ins Stroh
Für einen Loddel mit rosa Backen
Er war ein Jude der nach Knoblauch roch
Auf seiner Reise nach Formosa
Hatte er sie aus einem Bordell in Shanghai mitgebracht

Ich kenne Menschen jeder Facon
Sie entsprechen nicht ihrem Schicksal
Unentschlossen wie tote Blätter
Ihre Augen gleichen herunterbrennenden Feuern
Ihre Herzen öffnen sich wie ihre Türen

Der Reisende
Für Fernand Fleuret

Öffne diese Tür an die ich weinend klopfe

Das Leben ist wandelbar wie Euripos

Du sahst wie eine Wolkenbank niederstieg
Mit dem Waisenschiff Richtung Zukunft
All die Reue all die Buße
      Erinnerst du dich
Wellengebeugter Fisch Blumen auf dem Wasser
Eines Nachts war dort das Meer
In das die Flüsse mündeten

Ich erinnere mich ich erinnere mich noch

Eines Abends betrat ich deine finstere Herberge
In der Nähe der luxemburgischen Grenze
Im hinteren Ende des Zimmers flog ein Christus
Jemand hatte ein Frettchen
Jemand hatte einen Igel
Die Leute spielten Karten
Und du hattest mich vergessen

Erinnerst du dich an das lange Waisenhaus an den Stationen
Wir fuhren durch Städte die sich den ganzen Tag drehten
Und als die Nacht die Sonne ausspuckte
O Seeleute dunkle Frauen und du mein Gefährte
      Erinnere dich daran

Zwei Seeleute die sich nie voneinander trennten
Zwei Seeleute die nie ein Wort wechselten
Der Jüngere fiel seitwärts als er starb

    O ihr lieben Gefährten
Elektrische Glocken der Stationen
Lieder der Erntemaschinen
Metzgerkarrenregiment auf unzähligen Straßen
Kavallerie der Brücken Nächte ausgeblendet vom Alkohol
Die Städte die ich sah lebten wie besessene Frauen

Erinnerst du dich an die Vororte
Und die klagende Herde der Landschaften

Im Mondlicht werfen die Zypressen ihre Schatten
Ich lauschte an diesem Abend dem Ende des Sommers
Ein müder Vogel machte sich Sorgen
Und eines weiten Flusses dunkle Klage erklang

Aber wie jeder Blick jeder Blick eines jeden Auges
Dem Tod entgegenrollte auf die Mündung zu
Glichen die Ufer verblichener grasiger Stille
Und der Berg auf der anderen Seite kam hell zum Vorschein

Dann war Stille kein Leben in Sicht
Beschwingte Schatten zogen im Profil
Oder plötzlich ihre vagen Gesichter drehend an dem
Berg vorüber
Die Schatten ihrer Lanzen nach vorn gerichtet

Gegen dieses aufrechte Gebirge wurden die Schatten
Größer oder tauchten manchmal ab
Und diese bärtigen Schatten weinten menschengleich
Sie schlitterten Stück für Stück
Über die leuchtende Erhebung

Wenn erkennst du auf diesen alten Fotografien
Erinnerst du dich an den Tag da eine Biene ins Feuer stürzte
Es war erinnerst du dich es geschah am Ende des Sommers
Zwei Seeleute die sich niemals trennten
Der Ältere trug eine Eisenkette um seinen Hals
Der Jüngere band sein blondes Haar zu einem Zopf

Öffne diese Tür an die ich weinend klopfe

Das Leben ist wandelbar wie Euripos

Marie

Du hast dort getanzt als kleines Mädchen
Wirst du als Großmutter tanzen
Es ist eine lebhafte Maclotte
Alle Glocken werden läuten
Wann kommst du zurück Marie

Die Masken schweigen
Und die Musik ist fern
Sie scheint aus dem Himmel zu kommen
Ja ich möchte dich lieben aber liebe dich kaum
Und mein Schmerz ist delikat

Die Schafe stampfen durch den Schnee
Flocken aus Wolle und Flocken aus Silber
Soldaten ziehen vorüber warum hab' ich nicht
Ein Herz von mir dieses sich windende Herz
Sich windend und außerdem

Weiß ich wohin deine Haare wehen
Wellig wie das raue Meer
Weiß ich wohin deine Haare wehen
Und deine Hände dieses Herbstlaub
Das auch unsere Gelübde zerstreut

Ich kam an der Seine vorüber
Einen alten Wälzer unter meinen Armen
Der Fluss gleich meinem Schmerz
Er fließt und trocknet nicht aus
Wann wird die Woche zu Ende gehen

Weißer Schnee

Engel Engel der Lüfte
Einer ist als Offizier gekleidet
Einer ist als Koch gekleidet
Und die anderen singen

Schöner Offizier Farbe des Himmels
Süßer Frühling lange nach Weihnachten
Wird dich eine prächtige Sonne medaillieren
Eine prächtige Sonne

Der Koch rupft die Gänse
Ah! Fall herab Schnee
Fall herab und lass mich wissen
Wann meine Liebe in meinen Armen liegt

Der Abschied

Ich habe dies Stück Erika gepflückt
Der Herbst ist tot erinnere dich
Wir werden und auf Erden nicht wiedersehn
Duft der Zeiten Heidezweig
Und denke daran ich warte auf dich

Salome

Für ein Lächeln mehr von Johannes dem Täufer
Herr würde ich besser tanzen als Seraphim
Mutter hat mir erzählt warum du traurig bist
Gekleidet wie eine Gräfin an der Seite des Dauphins

Bei seinem Wort pochte mein Herz
Als ich im Fenchel tanzte und lauschte
Und Lilien auf die Banderole stickte
Dazu bestimmt an seinem Stab zu wehen

Für wen soll ich sie jetzt besticken
Sein Stab blüht wieder am Ufer des Jordan
Und die Lilien verwitterten in meinem Garten
Als deine Soldaten Herodes ihn wegführten

Folge mir in diese Baumgruppe
Vergieße keine hübschen Tränen Hofnarr
Nimm diesen Kopf als Andenken und tanze
Berühre ihn nicht Mutter seine Stirn ist schon kalt

Herr schreite voran Träger folgt ihm
Wir heben ein Loch aus und begraben ihn
Wir werden Blumen pflanzen und im Kreis tanzen
Bis ich mein Strumpfband verliere
        Der König seine Schnupftabakdose
        Seine Tochter ihren Rosenkranz
        Der Priester sein Breviarium

Die Akrobaten
Für Louis Dumur

Die Paladine in der Ebene
Tangieren die Gärten während sie vorüberziehen
Vorbei an den grauen Tavernen
Durch Dörfer ohne Kirchen

Und Kinder laufen voraus
Die anderen folgen in Trance
Die Obstbäume treten zurück
Und winken von Weitem zu

Sie sind beladen mit quadratischen und runden Gewichten
Trommeln goldenen Reifen
Der Affe und der Bär diese weisen Kreaturen
Betteln um Geld auf ihrer Reise

Die Zigeunerin

Die Zigeunerin hatte es geweissagt
Die Nacht würde unsere beiden Leben voneinander trennen
Wir sagten ihr Lebewohl und dann
Entstieg Hoffnung dieser tiefen Finsternis

Das Gewicht der Liebe glich einem Bären
Der auf unser Kommando tanzte
Die Blaudrossel warf ihr Gefieder ab
Und die Bettler ihr *Ave*

Wir wussten dass wir verdammt waren
Aber die Hoffnung auf der Straße der Liebe
Ließ uns Hand in Hand darüber sinnieren
Was die Zigeunerin vorausgesagt hatte

Herbst

Im Nebel schreitet ein X-beiniger Bauer
Und sein Ochse langsam im Herbstnebel
Der die armseligen Weiler verdeckt

Und während er so läuft pfeift der Bauer
Das Lied einer untreuen Liebe
Über einen Ring und ein gebrochenes Herz

Oh! Der Herbst hat den Sommer erstickt
Im Nebel schreiten zwei graue Gestalten

Der Emigrant von der Landor Road
Für André Billy

Den Hut in der Hand trat er mit dem rechten Fuß zuerst in
Das schicke Haus eines Schneiders und Lieferanten des Königs
Der Eigentümer hatte soeben ein paar Köpfe abgenommen
Und die Puppen korrekt eingekleidet

Die Menge regte und vermischte sich in alle Richtungen
Schleppte ihre lieblosen Schatten über den Boden
Manchmal hoben sie ihre Hände wie weiße Vögel
Einem Himmel aus leuchtenden Seen entgegen

Morgen wird mein Schiff nach Amerika ablegen
 Und ich werde niemals zurückkehren
Mit dem Geld das ich auf lyrischen Wiesen verdient habe
Führe ich meinen blinden Schatten durch diese
Straßen die ich geliebt habe

Glücklich sind die Soldaten die aus Indien zurückkehren
Meine letzten Goldunzen sind ausgegeben
Aber ich werde schließlich in neuen Kleidern schlafen
Unter Bäumen gesäumt von Affen und stummen Vögeln

Die Puppen die sich für ihn ausgezogen hatten
Entstaubten ihre Kleider und er probierte sie an
Das Gewand eines toten Herrn der verstarb
Ohne bezahlt zu haben
Verlieh ihm das Aussehen eines Millionärs

Abseits der Jahre
Spähten wir durchs Fenster
Auf die Unglückspuppen
Und gingen angekettet weiter

In das Jahr fügten sich neue Tage
Blutige Freitage schwermütiger Begräbnisse
Manche weiß manche ganz in schwarz besiegt vom Regen
An denen die Braut des Teufels ihren
Geliebten erschlagen hatte

Schließlich in einem Hafen im Herbst
Mit seinen wirbelnden Blättern
Als die Hände der Menge den Blättern glichen
Stellte er seinen Koffer aufs Deck
Und setzte sich

Die ozeanischen Winde bliesen ihre Drohungen aus
Und hinterließen lange feuchte Küsse in seinen Haaren
Die Emigranten streckten ihre müden Hände zum Hafen
Und andere knieten weinend nieder

Er beobachtete lange die sterbenden Ufer
Einzig Spielzeugboote schwankten am Horizont
Ein kleiner Blumenstrauß trieb ins Abenteuer hinaus
Und bedeckte den Ozean mit riesenhafter Blüte

Er wäre um diesen Blumenstrauß gern herumgesprungen
Ruhmreich wie zwischen den Delfinen anderer Meere
    Und in seine Erinnerung webte sich
    Ein unermesslicher Wandteppich
    Der seine Geschichte erzählte

        Jedoch um diese hartnäckigen Weber in
        Läuse zu verwandeln
Und ihre endlosen Fragen zu ertränken
        Heiratete er wie ein Doge
Zu den Gesängen einer modernen Meerjungfrau

Quelle der Nacht entgegen o Meer die hungrigen Hai-Augen
Aus der Ferne haben bis zur
Morgendämmerung eifrig zugesehen
Wie die Leichen der Tage von den Sternen zermürbt wurden
Zwischen dem Lärm der Wellen und den letzten Schwüren

Der Kohleofen
Für Paul-Napoléon Roinard

Ich warf mich in das edle Feuer
Das ich anheize und verehre
Mit starken Händen gleich dem Feuer
Dieser Vergangenheit diesen Totenköpfen
Flamme ich folge deinem Willen

Der Sterne plötzlicher Galopp
Zeigt nur was einst sein wird
Vermengt mit dem Wiehern der männlichen
Zentauren auf ihren Viehfarmen
Und den Wehklagen der Pflanzen

Wo sind diese Häupter die ich besaß
Wo ist der Gott meiner Jugend
Die Liebe ist von da an vergiftet
Lass die Flamme wieder brennen
In der Sonne entkleidet sich meine Seele

Flammen keimten in der Ebene
Unsere Herzen hängen an Zitronenbäumen
Die abgetrennten Schädel die mir zusprechen
Und die Sterne die bluten mussten
Sind nichts als die Köpfe der Frauen

Der Fluss heftet sich an die Stadt
Er starrt dich an wie die Nadel im Kleid
Wie in der Geschichte von Amphion
Erduldest du alle zauberhaften Klänge
Die die Steine in Bewegung versetzen

Ich brenne in des Kohleofens angenehmer Hitze
Und die Hände der Gläubigen legen mich darin
Unzählige Male ab
Neben mir fackeln die Gliedmaßen der Märtyrer
Entfernt die Knochen aus dem Ofen
Nur ich kann das Feuer meiner Freuden für immer schüren
Die Vögel schützen mein Gesicht vor der Sonne
Mit ihren Flügeln

O Erinnerung
Wie viele Geschlechter sind aus der Art geschlagen
Von den Tyndariden zu den feurigen Vipern meines Glücks
Doch sind Schlangen nicht die Hälse der Schwäne
Einst unsterblich jetzt bedürftig nach Liedern
Hier ist mein neues Leben
Große Schiffe treiben wieder und wieder vorüber
Noch einmal tauche ich meine Hände in den Ozean

Hier liegt der Dampfer und mein neues Leben
Er spuckt riesige Flammen aus
Ich habe nichts mehr mit jenen gemeinsam
Die Verbrennungen fürchten

Hinab von den Höhen wo das Licht sinniert
Rollen die Gärten höher hinauf als der bewegte Himmel
Die maskierte Zukunft lodert durch den Himmel

Wir erwarten deine Freuden o mein Freund

Ich wage es kaum die heilige Maskerade anzuschauen

Wann wird La Désirade blau am Horizont leuchten

Jenseits unserer Atmosphäre erhebt sich ein Theater
Das der Shamir-Wurm ohne Werkzeug errichtet hat
Dann kehrte die Sonne zurück um die Viertel
Einer Meeresstadt zu erhellen die sich vor einem Berg zeigte
Auf den Gauben der Dächer ruhten die müden Tauben

Und die Herde der Sphinxe kehrte in die Sphinxerie zurück
Ihr ganzes Leben lang wird das Hirtenlied ertönen
Das Theater in der Höhe ist aus solidem Feuer errichtet
Wie die Sterne von denen die Leere zehrt

Und hier läuft die Vorstellung
Und ich sitze für immer in meinem Sessel
Mein Kopf meine Knie meine Ellbogen
Nutzloses Pentagramm
Die Flammen überziehen meinen Körper wie Blätter

Nicht-menschliche Schauspieler erwecken neue Bestien
Erteilen Befehle an gezähmte Männer
Erde
O verpachtete Erde von den Flüssen zurückgedrängt

Ich würde in den Sphinxerien lieber Tag und Nacht
Nach Erkenntnis suchen
Um endlich verschlungen zu werden

Rheinische Nacht

Mein Glas ist voller Wein der wie eine Flamme zittert
Höre des Bootsmanns einfaches Lied
Von sieben Frauen im Mondschein
Die sich ihr grünes Haar bis zu den Füßen flechten

Steht auf und singt lauter während ihr im Kreis tanzt
Um des Bootsmanns Lied zu übertönen
Bringt mir alle blonden Mädchen
Mit reglosem Blick und gedrehten Zöpfen

Der Rhein der Rhein ist betrunken
Vom sich spiegelnden Wein
Das Gold der Nacht fällt zitternd in seinen Spiegel
Die Stimme singt Todesrassellieder
Von grünhaarigen Feen die den Sommer beschwören

Mein Glas zersplitterte wie ein Lachanfall

Die Frau

Im Winzerhaus nähen die Frauen
Lenchen stelle den Herd an setze Kaffeewasser auf
Schau nur die Katze rekelt sich in der Wärme
Gertrude und ihr Martin heiraten endlich

Die blinde Nachtigall in ihrem Käfig versuchte zu singen
Doch der Schrei der Eule versetzte sie in Furcht
Diese Zypresse sieht aus wie ein reisender Papst
Draußen im Schnee hält gerade der Postbote an

Für einen Plausch mit dem neuen Lehrer –
Dieser Winter ist sehr kalt es wird gute Weine geben –
Unser lahmer und tauber Küster ist dem Tode nahe –
Die Tochter des alten Bürgermeisters stickt eine Stola

Für den Geburtstag des Priesters Durch den Wind
Hallt der Gesang des Waldes mit tiefer Stimme
Herr Traum trifft mit seiner Schwester Frau Sorge ein
Katy du hast diese Socken nicht ordentlich gestopft

Hol den Kaffee und etwas Brot und Butter
Marmelade Schmalz und einen Krug mit Milch –
Noch etwas Kaffee bitte Lenchen –
Es hat den Anschein als würde der Wind Latein sprechen

Noch etwas Kaffee bitte Lenchen –
Bist du traurig Lotte mein liebes Herz –
Ich glaube sie ist verliebt –
Gott bewahre – ich für meinen Teil liebe nur mich selbst –
Leise Großmutter betet ihren Rosenkranz –

Ich brauche ein Hustenbonbon Leni –
Pierre jagt mit seinem Hund Kaninchen –
Der Wind ließ alle Bäume im Kreis tanzen
Lotte Liebe macht unglücklich – Ilse das Leben ist schön

Die Nacht brach herein
In der Dunkelheit glichen die Reben
Des verzweigten Weines Beinhäusern
Der Schnee lag in Falten wie Leichentücher
Die Hunde bellten die erfrorenen Passanten an

Er ist tot hört
Der dumpfe Schlag der Kirchenglocke
Läutete leise den Tod des Küsters
Lise wir müssen den Ofen heizen damit er nicht ausgeht
In der unruhigen Nacht bekreuzigten sich die Frauen selbst

Die Dame

Klopf-klopf
Er schloss seine Tür
Im Garten verwelkten die Lilien
Wem gehört dieser Kadaver den sie hier raustragen

Du hast gerade an seine Türe geklopft
Und schon husch-
Husch trabt die kleine Maus

Das Engagement
Für Picasso

Der Frühling lädt die verlobten Paare zum Wandern ein
Und blaue Federn sprießen wie Blätter
Die Zypresse raschelt wo die Blaudrossel ihr Nest baut

Eine Madonna im Morgengrauen nahm die wilden Rosen
Sie wird morgen kommen um die Mauerblümchen zu pflücken
Als Schmuck für die Nester der Tauben
Für die Taube die heute Nacht für Paraklet erscheint

Im kleinen Zitronenhain verlieben sich
Die letzten Ankömmlinge
Mit der Liebe die wir lieben
Die fernen Dörfer gleichen ihren Augenlidern
Und ihre Herzen hängen unter den Zitronen

Meine Freunde haben mir endlich ihre Verachtung gestanden
Ich trank Sterne aus gefüllten Gläsern
Während ich schlief wurde ein Engel geschlachtet
Die Lämmer der traurigen Herde Hirten
Falsche Zenturios stahlen den Essig
Und Bettler die von Wolfsmilch befallen waren tanzten
Ich kenne nicht einen einzigen erwachenden Stern
Die Gaslampen pissten ihre Flamme unters Mondlicht
Leichengräber stießen mit ihren Bierkrügen an
Im Kerzenschein landeten irgendwie falsche Kragen
Auf einer Woge schlecht gebürsteter Röcke
Maskierte Mütter feierten die neuen Geburten
Diese Nacht schien die Stadt einem Archipel zu gleichen
Die Frauen baten um Liebe und Treue

Und ich erinnere mich an einen dunklen dunklen Fluss
Die vorüberziehenden Schatten waren niemals schön

Ich bemitleide mich nicht einmal mehr selbst
Und kann die Qual meiner Stille nicht ausdrücken
Alle Worte die ich zu sagen hatte wurden zu Sternen
Ein Ikarus versucht sich in jedem meiner Augen aufzurichten
Er trägt die Sonne die ich im Herzen zweier Nebel entzünde
Was habe ich den theologischen Bestien der Intelligenz angetan
Einmal kehrten die Toten zurück um mich anzubeten
Sehnlichst erwartete ich das Ende der Welt
Doch meines kommt pfeifend wie ein Hurrikan

Ich hatte den Mut zurückzublicken
Die Leichen meiner Tage
Säumen meine Wege und ich traure um sie
Einige verrotteten in italienischen Kirchen
Oder in kleinen Zitronenhainen
Die blühen und Früchte tragen
Alle gemeinsam und zur gleichen Jahreszeit
Andere Tage weinten bevor sie in den Tavernen starben
Wo feurige Blumensträuße verwelkten
Unter dem Blick einer Mulattin die Gedichte erfand
Und immer noch öffnen sich die elektrischen Rosen
Im Garten meiner Erinnerung

Vergib mir meine Ungewissheit
Vergib mir dass ich der Dichtung altes Spiel vergaß
Ich weiß nichts mehr und alles was ich tue ist zu lieben
Die Blumen in meinen Augen verwandeln sich in Flammen
Meine Meditationen sind göttlich
Und ich lächle über die Wesen die ich nicht erschuf

Aber sobald die Zeit gekommen ist
Sa die Schatten fester werden
Und endlich die vielen Formen meiner Liebe annehmen
Bewundere ich meine Arbeit

Ich beobachte die Sonntagsruhe
Und preise die Trägheit
Wie aber wie mindert man
Das geringste Wissen
Meine Sinne zwingen mich zu denken
Dass man dem Berg und der Luft gleicht
Und Städten und meiner Liebe
Sie gleicht den Jahreszeiten
Sie lebt ohne Kopf ihr Kopf ist die Sonne
Der Mond der Stumpf des Halses
Ich möchte eine endlose Begeisterung spüren
Kreatur meines Gehörs du brüllst du weinst
Der Donner ist dein Haar
Und deine Klauen imitieren das Vogellied
Die ungeheuerliche Berührung
Die mich durchdrang vergiftet mich
Meine Augen schwimmen weit von mir entfernt
Und die unberührten Sterne sind meine unerprobten Herren
Die Kreatur aus Rauch besitzt einen Kopf aus Blüten
Und das allerschönste Biest
Das nach Lorbeer schmeckt ist untröstlich

Am Ende machen mir die Lügen keine Angst mehr
Der Mond dort oben röstet wie ein Ei
Diese Halskette aus Wassertropfen
Wird das ertrunkene Mädchen schmücken
Hier ist mein Strauß mit Passionsblumen

Zärtlich bieten sie zwei Dornenkronen
Die Straßen sind durchfeuchtet vom Regen
Einer vorangegangenen Zeit
Fleißige Engel arbeiten zu Hause für mich
Der Mond und die Trauer werden verblassen
Den ganzen heiligen Tag über
Den ganzen heiligen Tag ging ich singend spazieren
Eine Zeit lang beobachtete mich eine Frau
Die sich aus ihrem Fenster beugte
Ich sang beim Weggehen

An einer Straßenecke bemerkte ich Seemänner
Mit offenem Hemd tanzten sie zur Musik eines Akkordeons
Ich habe der Sonne alles gegeben
Alles außer meinem Schatten

Schleppnetz Seesack halbtote Sirenen
Dreimaster vermischt mit dem nebligen Horizont
Die Winde haben ihre Luft herausgeblasen
Drapiert mit Anemonen
O Jungfrau keusches Zeichen des dritten Monats

Flammende Templer ich brenne unter euch
Lasst uns gemeinsam prophezeien O Großmeister ich bin
Das begehrenswerte Feuer das sich dir opfert
Und das Feuerrad dreht sich o schöne schöne Nacht

Die Fesseln lösen sich in einer freien Flamme Ardour
Die meinen Atem aushaucht O vierzigjähriger Tod
Aus meinen Seufzern strömt die Glorie
Und das Elend meines Todes
Als ob der Vogel der Quintain mein Ziel wäre

Die Unsicherheit imitierte einen gezeichneten Vogel
Als du fielst
Sonne und Liebe tanzten im Dorf
Und deine ritterlichen Kinder gut oder schlecht gekleidet
Haben diesen Scheiterhaufen zum Nest
Meines Mutes erhoben

1909

Die Dame trug ein Purpurkleid
Von geschnürter Seide
Ihre mit Gold bestickte Tunika
Bestand aus zwei Streifen
Die über der Schulter zusammengebunden waren

Ihre Augen tanzten wie Engel
Sie lachte sie lachte
Ihr Gesicht trug die Farben Frankreichs
Blaue Augen weiße Zähne und volle rote Lippen
Ihr Gesicht trug die Farben Frankreichs

Ihr Kleid hatte einen tiefen Ausschnitt
Sie trug ihr Haar im Récamier-Stil
Ihre prächtigen Arme waren nackt

Wird es nie Mitternacht schlagen

Die Dame im osmanischen Purpurkleid
Mit der goldbestickten Tunika
Und dem tiefen Ausschnitt
Stellte ihre Locken zur Schau
Ihr goldenes Band
Wanderte in ihren Schnallenschuhen

Sie war so schön
Dass du es nicht gewagt hättest sie zu lieben

Einst liebte ich scheußliche Frauen in Zersiedlungen
Wo jeden Tag neue Wesen geboren wurden
Ihr Blut war aus Eisen ihre Hirne brannten
Ich liebte ich liebte die geschickten Maschinenarbeiter
Schönheit und Luxus sind nichts als Schaum
Diese Frau war so schön
Dass sie mich erschreckt hat

Im Gefängnis von La Santé

I

Bevor ich meine Zelle betrat
Musste ich mich ausziehen
Und eine finstere Stimme rief
Guillaume wo bist du nur hingekommen

Lazarus fährt in sein Grab
Anstatt aufzuerstehen singt er
Lebewohl Lebewohl in die Runde
O Mädchen o meine Jahre

II

Hier drinnen
        Bin ich nicht mehr ich selbst
Reihe Elf
        Zelle Fünfzehn

Die Sonne fällt nach unten durch
        Die Gitter
Ihre Strahlen belustigen
        Meine Verse

Und tanzen auf meinem Blatt
        Als ich höre
Wie über mir
        Füße stampfen

III

Wie ein Bär in der Grube
Gehe ich jeden Morgen spazieren
Rund und rund und wieder rund im Kreis
Der Himmel ist blau wie eine Kette
In der Grube wie ein Bär
Gehe ich jeden Morgen spazieren

In der Zelle neben mir
Tropft eine Zisterne
Die Wächter laufen Patrouille
Rasseln mit ihren Schlüsseln
In der Zelle nebenan
Tropft eine Zisterne

IV

Ich fühle mich so gelangweilt in diesen Wänden
    Kahl und farblos
Mit kleinen Schritten tastet sich eine Fliege
    Entlang meiner unebenen Strophen

Was wird aus mir o Gott der den Schmerz kennt
    Den du mir auferlegt hast
Hab Mitleid mit meinen trockenen Augen
Meinem bleichen Fleisch
    Meines Stuhles lärmenden Ketten

Und diesem armen in Ketten schlagenden Herzen
　　Der Liebe die in mir wohnt
Habe Mitleid mehr als alles andere
Mit meinem schwachen Geist
　　In den die Verzweiflung kriecht

V

Wie langsam die Stunden vergehen
Gleichsam eines Leichenzugs

Du wirst die Stunden des Trauerns vermissen
Sie vergehen zu schnell
Wie alle Stunden verstreichen

VI

Gefangen und ohne Horizont
Lausche ich den Geräuschen der Stadt
Ich sehe nichts als einen feindlichen Himmel
Und die nackten Wände meines Gefängnisses

Der Tag ist vorbei eine Lampe
Erhellt das Gefängnis
Wir sind allein in meiner Zelle
Süßes Licht liebste Vernunft

Herbstkrankheit

Herbst kränklich und geliebt
Du wirst sterben wenn die Stürme durch die
Rosengärten ziehen
Wenn der Schnee gefallen ist
In den Obstgärten

Armer Herbst
Stirb weiß und in Reichtum
Von Schnee und reifen Früchten
Hoch oben im Himmel
Ziehen Falken
Über winzige Feen mit grünen Haaren
Die niemals die Liebe kannten

In den entferntesten Regionen
Brüllten Hirsche

Jahreszeiten wie ich euren Klang liebe
Früchte fallen ohne gepflückt zu werden
Wind und Wald verströmen
Ihre Herbsttränen Blatt für Blatt
Zertrampelte
Blätter
Rollende
Züge
Fließendes
Leben

Hotel

Verwaistes Zimmer
Schneller Einzug
Gerade angekommen
Monatliche Zahlung

Eigentümer zweifelt
Ob wir zahlen
Ich drehe mich um
Wie ein Kreisel

Laute Kabinen
Hässlicher Nachbar
Er raucht eine beißende
Englische Mischung

O La Vallière
Der mich verspottet
In meinen Gebeten
Von der Seite des Tisches

Hier befinden wir uns
In diesem Hotel
Sprechen so
Wie Babel sprach

Lasst uns die Türen
Doppelt verriegeln
Kommt und bringt
Eure einzige Liebe

Jagdhörner

Unsere Geschichte ist edel und tragisch
Wie die Maske eines Tyrannen
Kein gefährliches oder magisches Drama
Nicht die kleinste Kleinigkeit kann
Unsere Liebe armselig erscheinen lassen

Als Thomas de Quincey
Das süße Gift des keuschen Opiums trank
Träumte er von seiner armen Anne
Lass los lass los weil alle Dinge vergehen
Ich werde mich oft umdrehen

Erinnerungen sind Jagdhörner
Deren Klingen im Wind vergeht

Vendémiaire

Ihr die ihr noch nicht geboren seid erinnert euch an mich
Ich lebte als die Tage der Könige endeten
Einer nach dem anderen starben sie leise und traurig
Und dreimal bewies Tristmegistos seinen Mut

Wie herrlich Paris im späten September war
Jede Nacht sprossen an einem Weinstock die Reben
Die die Stadt beleuchteten und in der Höhe
Pickten betrunkene Vögel die reifen Sterne meines Ruhmes
Die schon die Ernte der Morgendämmerung erwarteten

Eines Abends entlang der verlassenen und dunklen
Flussstraße zurück nach Auteuil hörte ich
Eine Grabesstimme singen die hin und wieder anhielt
Um andere klare ferne Stimmen
Ihren Kummer an die Ufer der Seine zu tragen

Eine ganze Weile lauschte ich den Rufen und Schreien
Als sich das Lied von Paris in die Nacht erhob

Ich dürste nach den Städten Frankreichs Europas
Und der Welt
Kommt alle her und sinkt in meinen tiefen Hals

Dann sah ich dass Paris bereits betrunken
In seinen Weingärten
Der Welt süßeste Trauben erntete
Jene Samen die auf dem Spalier sangen

Und Rennes antwortete zusammen mit Quimper und Vannes
Hier sind wir Paris unsere Häuser unsere Einwohner
Diese Trauben der Sinne gezeugt von der Sonne
Sie opfern sich selbst für deinen Durst zu gierig zum Staunen
Wir reichen dir all die Hirne die Friedhöfe die Mauern
Die Wiegen voller Schreie die du nicht hörst
Tragt unsere Gedanken stromaufwärts stromabwärts
Ihr Flüsse
Die Ohren der Schulen unsere gereichten Hände
Ihre ausgestreckten Finger bilden Kirchtürme
Wir bieten dir einen geschmeidigen Verstand
Dessen Geheimnis sich verschließt wie eine Tür ein Haus
Dieses höfische Geheimnis der Galanterie
Dieses tödliche Geheimnis eines anderen Lebens
Den doppelten Grund hinter der Schönheit
Der weder in Griechenland noch im Orient bekannt war
Das doppelte Wissen Britanniens wie langsam Welle für Welle
Das Meer den alten Kontinent zerteilt

Und die Städte des Nordens erwiderten freudig

O Paris hier stehen wir lebendige Liköre
Männliche Städte wo die heiligen Metalle
Unserer heiligen Fabriken sprudeln und singen
Freiluftöfen stoßen in den Himmel
Und imprägnieren die Wolken
Wie es einst der mechanische Ixion tat
Und unsere unzähligen Hände
Spinnereifabriken Handwerksfabriken
In denen nackte Arbeiter ähnlich unserer Finger
Jede Stunde so viel Wirklichkeit gestalten
Wir geben dir alles hin

Und Lyon antwortete während die Engel von Fouvières
Mit der Seide der Gebete einen neuen Himmel webten

Paris lösche deinen Durst mit der Stimme Gottes
Meine Rhône-Lippen meine Saône-Lippen flüstern
Noch immer denselben Kult seiner Wiedergeburt
Teile die Heiligen und lass es Blut regnen
Ein Kind sieht wie sich die Fenster öffnen sieht Zweige
Aus Köpfen die sich betrunkenen Vögeln hingeben

Die Städte des Südens antworteten daraufhin

Edles Paris du bist die einzig große lebendige Idee
Die unsere Laune zu ihrem Schicksal machte
Und du Mediterraner der Ebbe
Teilst unseren Körper wie der Wirt
Die hohe Liebe und der Waisentanz
O Prais werden zu dem reinen Wein den du liebst

Und von Sizilien mit flatternden Flügeln
Deutete ihr Rasseln folgende Botschaft

Wir haben die Trauben unserer Reben geerntet
Und die Zweige mit den Körpern deren verlängerte Trauben
Nach Blut nach Erde nach Salz schmecken
Bieten wir dir o Paris unter dem Himmel
Der von ausgehungerten Wolken verdunkelt wird
Die der schräge Schöpfer Ixion liebkost
Und wo auf dem Meer die Krähen Afrikas geboren werden
O Trauben und diese Familie dumpfer Augen
Das Leben und die Zukunft schmachten in euren Spalieren

Aber wo ist der Sirenen leuchtender Blick
Der die von diesen Vögeln geliebten Seeleute täuschte
Er wird Scyllas Riff nicht länger prüfen
Wo einst die drei süßen und ruhigen Stimmen ertönten

Plötzlich drehte sich das Gesicht der Meerenge
Gesichter aus Fleisch aus Wasser aus allem
Was man sich vorzustellen vermag
Ihr seid nur die Masken auf verborgenen Gesichtern

Der Jüngling lächelte schwamm zur Meerenge
Und ertrunkene Körper trieben in seinem Kielwasser
Sie flohen vor den klagenden Gesängen
Die Stimmen verabschiedeten sich von Felsen und Riffen
Sie verabschiedeten sich von ihren blassen Männern
Die auf den Terrassen lagen
Dann folgten sie der brütenden Sonne
Folgten dem Tod wo die Sterne ins Wasser sanken

Als die Nacht mit offenen Augen zurückkehrte
Wanderte sie zu der Stelle an der die Hydra
In diesem Winter geweht hatte
O Rom
Ich vernahm plötzlich deine gebieterische Stimme
Verfluchte mit einem Schlag meine alten Gedanken
Und den Himmel wo die Liebe das Schicksal führt

Der neue Wuchs auf dem Kreuz
Sogar die dem Tode geweihte fleur-de-lis des Vatikans
Fermentieren in dem Wein den ich anbiete und der
Nach reinem Blut schmeckt von einem der es wusste
Die Freiheit der Natur

Ist eine andere Freiheit eine höchste Tugend
Die du nicht kennst

Die Hierarchen zertreten mit ihren Sandalen
Eine päpstliche Krone die auf die Steinplatten fiel
O verblichene Pracht der Demokratie
Eile herbei königliche Nacht in der die Bestien
Geschlachtet werden
Die Wölfin durch das Lamm der Adler durch die Taube
Eine Vielzahl grausamer und feindlicher Könige
Dürsten wie du nach dem ewigen Wein
Werden aus der Erde in die Lüfte emporsteigen
Um meinen Wein noch zwei Jahrtausende zu trinken

Rhein und Mosel stimmen schweigend ein
Europa betet Tag und Nacht in Koblenz
Und ich der in Auteuil an der Seine verweilte
Als die Stunden wie Blätter fielen
Lauschte dem Gebet des Weinstocks
Das so klar war wie die Flüsse

O Paris dein Wein ist besser als der Wein
Unserer Hänge aber in den nördlichen Weinbergen
Warten die reifen Trauben auf deinen fürchterlichen Durst
Mein Haufen starker Männer blutet in der Weinpresse
Dein großer Schluck wird das ganze Blut Europas trinken
Allein weil du schön bist bist du edel
Weil Gott sich in dir manifestiert
Und alle diese schönen Häuser deren Lichter sich
In der Dämmerung in unseren beiden Gewässern spiegeln
In diesen schönen Häusern deutlich schwarz und weiß
Lobpreisen dich meine Winzer ohne zu wissen

Ob es dich wirklich gibt
Aber mit unseren blanken Händen verbunden im Gebet
Leiten wir das sündige Wasser zum Meer
Und die Stadt schläft zwischen unseren Scheren
Sie reflektiert kein Licht in ihren beiden Strömen
Aus denen hin und wieder ein fernes Pfeifen entsteigt
Um den Schlaf der Mädchen von Koblenz zu stören

Jetzt antworteten die Städte zu Hunderten
Ich konnte ihre fernen Worte nicht mehr unterscheiden
Und die Altstadt von Trier
Mischte sich hinein
Das ganze Universum konzentrierte sich auf diesen Wein
Die Ozeane die Tiere die Pflanzen
Die Städte das Schicksal und die singenden Sterne
Männer kniend am Himmelsufer
Das gebändigte Eisen der gute Freund
Das Feuer das wir wie uns selbst lieben müssen
All die tapferen Toten unter meiner Stirn
Der Blitz leuchtend wie ein dämmernder Gedanke
Alle Namen sechs Mal sechs die Zahlen eine nach der anderen
Kilos von Papier die wie Flammen durcheinanderwirbeln
Und all jene die wissen wie man unsere Knochen blanchiert
Gelangweilter geduldiger unsterblicher Vers
Zum Kampf bereite Armeen
Kruzifixwälder und meine Villa am See
Am Rande ihrer Augen die ich so sehr liebe
Die Blumen die aus ihren Mündern schreien
Und alles was ich nicht sagen kann
Alles was ich nie wissen werde
Alles verwandelte sich in reinen Wein
Wonach sich Paris sehnte

Alles wurde mir offenbart

Schöner Tage Taten erschütterter Schlaf
Vegetation ewige musikalische Kopplung
Bewegung Anbetung göttlicher Schmerz
Welten die dir gleichen und die uns gleichen
Ich trank euch und mein Durst blieb

Aber von da an wusste ich wie das Universum schmeckt

Ich bin vom Universum betrunken
Am Kai sah ich die Kähne die im Wasser schaukelten

Höre mich ich bin die Kehle von Paris
Und wenn ich will trinke ich das Universum wieder

Höre meine Lieder der kosmischen Trunkenheit

Langsam neigte sich die Septembernacht ihrem Ende zu
Die roten Lichter der Brücken erloschen in der Seine
Die Sterne starben kaum war der Tag angebrochen

Surreale Gedichte

Der Musiker von Saint-Merry

Ich habe nun endlich das Recht Leute zu grüßen
Die ich nicht kenne
Sie gehen an mir vorbei
Und sammeln sich ein Stück weiter weg
Während alles was ich von ihnen sehe völlig neu
Für mich ist
Und ihre Hoffnung ist nicht geringer als meine

Ich besinge nicht diese Welt oder andere Sterne
Ich singe über meine Möglichkeiten jenseits dieses
Ortes jenseits der anderen Sterne
Ich besinge die Freude des Vagabundierens und das
Vergnügen über den Tod den es mit sich bringt

21. Mai 1913
Der Fährmann der Toten
Ud die mordenden Frauen von Saint-Merry
Millionen von Fliegen umschwirren die Glorie
Da ein Mann ohne Augen Nase und Ohren
Vom Boulevard Sébasto in die Rue Aubry-le-Boucher einbiegt
Ein dunkelhäutiger junger Mann mit Erdbeerwangen
Mensch Oh! Ariadne
Vom Spiel seiner Flöte ließ er seine Schritte leiten
Er hielt an der Ecke der Rue Saint-Martin
Er spielte dieselbe Melodie die ich singe
Und die ich erfunden habe

Vorbeigehende Frauen blieben in der Nähe stehen
Sie strömten von überall her
Plötzlich als die Glocken der Saint-Marry läuteten

Hörte der Musiker auf zu spielen und trank aus dem Brunnen
An der Ecke zur Rue Simon-le-Franc
Dann verstummte Saint-Merry
Der unbekannte Flötist begann wieder zu spielen
Als seine Schritte Einzug in die Rue de la Verrierie hielten
Wurde er von einem Schwarm Frauen verfolgt
Die aus ihren Häusern strömten
Frauen mit wilden Augen drängten aus den Seitenstraßen
Und streckten die Hände
Nach dem klangvollen Rattenfänger aus
Unbeirrt ging er weiter und verströmte seine Puste
Und lief weiter mit unheimlichem Schritt

Irgendwo an einem anderen Ort
Wann geht der nächste Zug nach Paris

In diesem Augenblick
Picken Molukkentauben Muskatnüsse
Nebenbei
Katholische Kirche von Boma
Was hast du mit dem Bildhauer gemacht

Irgendwo an einem anderen Ort
Sie überquert die Brücke die von Bonn nach Beuel führt
Und nach Pützchen verläuft

Im selben Moment
Verliebt sich ein Mädchen in den Bürgermeister

In einem anderen Stadtteil
Wetteifert ein Dichter mit Parfümetiketten

Alles in allem habt ihr nicht viel aus den Menschen gemacht
Ihr habt gerade einmal das edle Fett
Aus ihrem Elend extrahiert
Doch wir die wir sterben
Um weit voneinander entfernt zu leben
Wir strecken unsere Arme aus
Und über diese Schiene rollt ein langer Güterzug

Du weintest als du neben mir auf der Rückbank
Des Taxis gesessen hast

Und nun
Bist du wie ich bist du leider wie ich

Wir erscheinen nun wie die Architektur
Des letzten Jahrhunderts
Diese hohen turmartigen Schornsteine

Wir reichen weiter in die Höhe
Den Boden berühren wir nicht mehr

Und inzwischen lebt die Welt und verändert sich

Die Prozession der Frauen so lang wie ein Tag ohne Brot
Folgte den Tönen des Musikers hinunter
In die Rue de la Verrerie

Prozessionen o Prozessionen
Zu jener Zeit reiste der König nach Vincennes
Als Botschafter nach Paris strömten
Als der hagere Suger an die Seine eilte
Als der Aufstand um Saint-Merry tobte

Prozessionen o Prozessionen
Von Frauen überflutet denn sie waren viele
Über alle benachbarten Straßen
Eilten sie wie Kugeln
Um dem Musiker zu folgen
Ah! Ariadne und du Pâquette und du Amine
Und du Mia und du Simone und du Mavise
Und du Colette und du liebliche Geneviève
Sie zogen vorbei zitternd und eitel
Ihre schnellen Schritte tippten zur Kadenz
Pastoraler Klänge
Die ihre gierigen Ohren leiteten

Der Fremde machte Halt vor einem Haus
Das zum Verkauf stand
Einem verlassenen Haus
Mit zerbrochenen Fenstern
Einem Haus aus dem 16. Jahrhundert
Der Hof diente als Abstellplatz für Händlerkarren
Der Musiker trat hinein
Seine Musik spielte leiser und langsamer
Die Frauen folgten ihm in das verlassene Haus
Alle gingen zusammen hinein
Alle traten hinein ohne zurückzublicken
Ohne zu bedauern was sie hinter sich ließen
Was sie aufgegeben hatten
Keine Reue für den Tag für das Leben für die Erinnerung
Sodass niemand mehr in der Rue de la Verrerie
Übrig geblieben war
Außer einem Priester der Saint-Marry und mir
Und wir betraten das alte Haus
Doch wir fanden niemanden

Inzwischen ist es Abend
In der Saint-Merry ertönt das Angelus
Prozession o Prozession
Zu jener Zeit kehrte der König zurück aus Vincennes
Es kam eine Truppe von Münzprägern
Es kamen Bananenhändler
Es kamen Soldaten der Republikanischen Garde
O Nacht
Herde müder Frauenblicke
O Nacht
Du füllst mich mit Schmerz mit zwecklosen Erwartungen
Ich höre in der Ferne eine Flöte sterben

Die Fenster

Von Rot nach Grün stirbt alles Gelb
Wenn Aras krächzen im Wald ihrer Geburt
Innereien der Pihis
Man sollte ein Gedicht über den Vogel mit nur
Einem Flügel schreiben
Wir verschicken es über das Telefon
Riesentrauma
Tränende Augen
Es gibt ein schönes Mädchen unter den jungen Turinerinnen
Der arme Jüngling schnäuzte seine Nase in die Krawatte
Sie werden den Vorhang heben
Und schon öffnen sich die Fenster
Spinnen wo Hände Licht weben
Schönheiten blasse unergründliche Veilchen
Hoffnungslos werden wir versuchen zu ruhen
Wir beginnen um Mitternacht
Wenn wir Zeit haben haben wir Freiheit
Strandschnecke Quappe vielfältige Sonnen und Seeigel
Des Sonnenuntergangs
Ein altes Paar bräunlicher Schuhe vor dem Fenster
Türme
Türme sind Straßen
Gut
Nun das sind die Plätze
Gut
Hohle Bäume schützen streunende Mulatten-Mädchen
Schiegen singen Melodien für die man sterben muss
Für Chabiner
Und Tut-tut Gänse trompeten im Norden
Wo Waschbär-Jäger

Pelze abkratzen
Glitzernder Diamant
Vancouver
Wo der schneebedeckte Zug und die Nachtlichter
Vor dem Winter fliehen
O Paris
Von Rot nach Grün stirbt alles Gelb
Paris Vancouver Hyères Maintenon New York
Und die Antillen
Das Fenster öffnet sich wie eine Orange
Liebliche Frucht des Lichtes

Über die Prophezeiungen

Ich kannte so manche Prophetin
In Ozeanien hatte Madame Salmajour gelernt
Wie man Karten legt
Dort hatte sie Gelegenheit gehabt an auserlesener
Anthropophagie teilzunehmen
Wovon sie nicht jedem gegenüber berichtete
In Bezug auf die Zukunft hat sie sich nie geirrt

Marguerite ich weiß ihren Namen nicht mehr
Eine Wahrsagerin aus Céret
Ist ebenso geschickt
Aber Madame Deroy ist die begabteste
Sie erzielt die besten Resultate
Alles was sie mir in der Vergangenheit sagte
Ist wirklich passiert und alles
Was sie prophezeite trat genau dann ein
Für wann sie es vorausgesagt hatte
Ich kannte einen Traumdeuter aber ich wollte nicht
Dass er meinen Schatten in Frage stellt
Ich kannte einen Wasserhexer Diriks
Einen norwegischen Maler

Zerbrochene Spiegel verstreutes Salz
Oder herabfallende Brotkrumen
Mögen diese gesichtslosen Götter mich für immer verschonen
Ich bin im Übrigen kein Gläubiger aber ich beobachte
Ich höre zu und mache mir Notizen
Ich kann einigermaßen aus den Händen lesen
Ich bin kein Gläubiger ich beobachte
Und wenn es sich ergibt höre ich zu

Jeder ist ein Prophet mein lieber André Billy
Aber die Menschen glauben schon so lange
Dass sie keine Zukunft haben dass sie für alle Ewigkeit
unwissend bleiben werden
Wie geborene Schwachköpfe
Entscheidungen werden getroffen und niemand hört auf
Sich zu fragen ob er die Zukunft kennt oder nicht
In all dem steckt kein religiöser Glaube
Weder im Aberglauben noch in Prophezeiungen
Auch nicht in dem was man als Okkultismus bezeichnet
Mehr als alles ist es eine Möglichkeit die Natur zu studieren
Die Natur zu interpretieren
Das ist vollkommen legitim

Das kleine Auto

31. August 1914
Kurz vor Mitternacht verließ ich Deauville
In Rouveyres kleinem Auto

Mit seinem Chauffeur waren wir zu dritt

Wir sagen Lebewohl zu einer ganzen Epoche
Wütende Riesen türmten sich über Europa
Adler verließen ihren Horst in Erwartung der Sonne
Unersättliche Fische stiegen aus der Tiefe empor
Die Völker kamen angerannt um sich gründlich kennenzulernen
In ihren dunklen Lehmhütten zitterten die Toten vor Angst

Unten an den Grenzen bellten die Hunde
Ich ging fort ich trug in mir all die kämpfenden Armeen
Ich fühlte sie in mir aufsteigen spürte wie sich das Land
ausdehnt durch das sie sich schlängelten
Zwischen den Wäldern befanden sich
Glückliche belgische Dörfer
Francorchamps mit seinem Fluss Eau Rouge
Und seinen Gesundheitsbädern
Eine Region in der ständig Invasionen stattfinden
Eisenbahnadern wo jene die in den Tod marschieren
Dem leuchtenden Leben einen letzten Gruß darbieten
Tiefe Ozeane in denen sich Ungeheuer tummeln
Zwischen alten Schiffskadavern
Nie erträumte Höhen in denen der Mensch kämpft
Über den Köpfen der Adler
Mensch gegen Mensch
Und wieder herabsinkt wie eine Sternschnuppe

Ich spürte in mir neue Wesen von Geschicklichkeit
Ein neues Universum erbauen und einrichten
Ein sagenhafter Händler von opulentem Umfang
Zeigte mir eine bemerkenswerte Darstellung
Und riesige Schäfer führten
Lange schweigende Herden die auf Worten weideten
Und die von sämtlichen Straßenhunden angebellt wurden

Ich vergesse niemals diese nächtliche Reise als niemand
ein Wort sprach
Die dunkle Abfahrt auf der drei Scheinwerfer starben
Zärtliche Vorkriegsnacht
Schmiede eilten in ihre Dörfer zu ihren Schmieden
Zwischen Mitternacht und ein Uhr früh
In der Nähe des blauen Lisieux
Oder
Dem goldenen Versailles
Und dreimal hielten wir an
Um einen zerstochenen Reifen zu wechseln

Wir räumten Fontainebleau in den Nachmittagsstunden
Erreichten Paris
Just als die Generalmobilmachung proklamiert wurde
Wir verstanden mein Freund und ich
Dass uns sein kleines Auto in ein
Neues
Zeitalter transportiert hatte
Und obwohl wir beide erwachsene Männer waren
Wurden wir doch gerade erst geboren

Irdischer Ozean
Für G. de Chirico

Ich habe mein Haus in die Mitte des Ozeans gebaut
Seine Fenster sind Flüsse die aus meinen Augen fließen
Kraken schwärmen überall an den Wänden
Höre ihre dreifachen Herzen schlagen höre
Wie ihre Schnäbel an die Fenster klopfen
                Feuchtes Haus
                Glühendes Haus
                Rasche Zeit
                Singende Jahreszeit
        Flugzeuge legen Eier
        Vorsicht vor dem fallenden Anker
Vorsicht vor den Tintenspritzern
Es wäre doch gut wenn du vom Himmel kommst
Das Geißblatt des Himmels steigt hinauf
Irdischer Puls des Tintenfisches
Und so viele von uns heben ihre eigenen Gräber aus
Blasser Tintenfisch der kalkhaltigen Wellen
O blass-schnabliger Tintenfisch
Um dieses Haus herum gibt es diesen Ozean den du kennst
Und der niemals ruht

Aufflackern

Die Uhr steht neben einer Kerze die ihre Zeit hinter
Der Blende einer Dose Einweckmarmelade verbringt
In deiner linken Hand hältst du das Chronometer
Das du zum vorherbestimmten Zeitpunkt aktivierst
Deine rechte Hand ist bereit das Fadenkreuz
Auszurichten sobald in der Ferne das Licht aufflackert
Dein Ziel steht still wenn du das Chronometer startest
Und du hältst es an sobald du die Explosion hörst
Du notierst die Zeit und die Anzahl der Schüsse
Du überprüfst das Kaliber auf seitliche Abweichungen
Und zählst die Sekunden zwischen Blitz und Knall
Du beobachtest ohne dich abzuwenden
Du blickst durch das Visier
Raketen tanzen Bomben detonieren Lichter flackern
Der Beginn der einfachen Kriegssymphonie
Im Leben meine Liebe fühlen unsere Herzen
Unsere Pietät Mitleid
Für die feindlichen unbekannten Lichter
Die den Himmel durchziehen und uns leiten
Und der Poet ist der Beobachter des Lebens
Und erfindet das unermessliche Licht des Geheimnisses
Das wir entdecken müssen
Das wir kennen müssen o flackerndes Licht
O meine schönste Liebe

Der Baum
Für Frédéric Boutet

Du singst mit den anderen
Während die Phonographen galoppieren
Wo sind die Blinden wohin sind sie gegangen
Das einzige Blatt das ich pflückte
Ist nur noch eine Fata Morgana
Lass mich nicht zurück unter dieser Frauenschar
Auf dem Marktplatz
Isfahan erschuf einen Himmel aus blau glasierten Fliesen
Und ich spaziere mit dir auf einer Straße nahe Lyon

Ich habe des alten Nusshändlers Glocke nicht vergessen
Schon höre ich den schrillen Ton dieser Stimme
Aus der Zukunft
Jenes Freundes der dich nach Europa begleitet
Während deines Aufenthalts in Amerika

Ein Kind
Ein gehäutetes Kalb hängt am Schlachterhaken
Ein Kind
Und dieser Vorort aus Sand einmal herum
Um eine arme Stadt weit im Osten
Ein Zollbeamter stand da wie ein Engel
Am Eingang eines elenden Paradieses
Dieser epileptische Reisende schäumte
In der Erste-Klasse-Kabine

Der Nachtschwärmerdachs
Und der Ariane-Maulwurf
Wir mieteten zwei Abteile in der Transsibirischen Eisenbahn

Wir schliefen abwechselnd
Der reisende Juwelierhändler und ich
Aber der Wachende trug keine geladene Waffe bei sich

Du spaziertest durch Leipzig mit einer schlanken Frau
Die wie ein Mann gekleidet war
Sehr schlau denn das ist es was eine intelligente Frau ausmacht
Und wir sollten die Legenden nicht vergessen
Lady Reichlich in einer Straßenbahn in einem verlassenen Viertel
Ich beobachtete eine Jagd als ich hinaufstieg
Und der Lift hielt in jedem Stockwerk

Zwischen den Steinen
Zwischen den bunten Kleidern der Schaufenster
Unter den glühenden Kohlen des Kastanienhändlers
Zwischen den zwei norwegischen Schiffen die in Rouen landeten
Ist dein Bild

Es wächst unter den finnischen Birken
Jener hübsche Afrikaner aus Stahl

Die größte Trauer
Verspürte ich als du eine Postkarte aus Korfu bekamst

Der Wind weht aus Richtung der untergehenden Sonne
Das Blech der Johannisbäume
Alles ist trauriger als zuvor
Alle irdischen Götter altern
Das Universum klagt mit deiner Stimme
Und neue Wesen erscheinen
Drei mal drei

Hutgrab

Etwas nistet
In seinem Grab
Das Vogelküken
Auf deinem Hut

Diese Kreatur
Setzte ihren breiten
Arsch
Nach Amerika

Doch
Genug davon
Ich muss pissen

Die Krawatte

        Die
       Drü-
     ckende
    Krawatte
   Die du trägst
  Und die dich schmückt
O Mensch der Zivilisation
Du kannst   wenn du
 Sie ab-   atmen
   legen willst

Montag Rue Christine

Der Concierge und seine Mutter lassen jeden passieren
Wenn du ein echter Mann bist
Kommst du heute Nacht mit mir
Ein Typ bewacht den Eingang
Während der andere die Treppe hochgeht

Drei Gaslampen brennen
Die Chefin ist völlig vernebelt
Wenn du fertig bist spielen wir Backgammon
Der Dirigent hat Halsschmerzen
Wenn du nach Tunis kommst musst du
Unbedingt Haschisch probieren

Es scheint Sinn zu machen

Aufgetürmte Untertassen Blumen ein Kalender
Kling Klang Klong
Ich schulde meiner Vermieterin fast 300 Francs
Ich würde lieber mein Dingsbums abschneiden
Als sie ihr zu geben

Ich werde um 20:27 Uhr abreisen
Sechs Spiegel starren sich gegenseitig an
Ich denke wir werden in einem größeren Schlamassel
Stecken als üblich

Mein lieber Herr
Du bist weich wie Butter
Die Nase dieser Dame ähnelt einem Bandwurm
Louise hat ihre Pelzstola vergessen

Ich selbst habe kein Fell und mir ist auch nicht kalt
Der Däne raucht seine Zigarette
Während er den Fahrplan studiert
Die schwarze Katze streift durch die Bar

Diese Pfannkuchen waren sehr lecker
Der Brunnen fließt
In Schwarz gekleidet passend zu ihren Nägeln
Es ist völlig unmöglich
Hier stecken Sie Herr
Der Malachtring
Sägespäne im ganzen Flur
Also ist es wahr
Die rothaarige Kellnerin ist mit
Dem Buchhändler durchgebrannt

Ein Journalist den ich nur vage kenne
Hör mir zu Jacques es ist sehr ernst was ich zu sagen habe

Passagiere der Reederei und Ladung

Er fragte mich Herr soll ich Ihnen zeigen
Was ich mit Radierungen und Gemälden machen kann
Ich habe nur eine kleine Magd

Nach dem Mittagessen im Café du Luxembourg

Wir waren angekommen und trafen auf diesen fetten Typen
Der zu mir sagte
Hören Sie es ist herrlich
In Smyrna oder Neapel oder Tunesien
Aber wo zur Hölle liegt das

Letztes Mal war ich in China
Vor acht oder neun Jahren
Ehre ist oftmals eine Frage der Zeit auf einer Uhr
Royal Flash

Es regnet

Es regnet Stimmen von Frauen
Als wären sie schon in der Erinnerung gestorben

Auch du regnest gleichsam wundervollen Begegnungen
Meines Lebens tropfenweise

Und diese sich aufbäumenden Wolken beginnen ein
Ganzes Universum aus Ohrmuschelstädten hinaus zu wiehern

Lausche dem Regen während das Bedauern
Und die Verachtung eine antike Musik weinen

Lausche dem Fall der Saiten
Die dich oben und unten festhalten

Die Eule

Mein armes Herz der Eule gleicht,
Genagelt, entnagelt und wieder genagelt,
Es blutet schwach, es blutet feig',
Und die mich lieben sind geadelt.

Der Oktopus

Wirft die Tinte in den Himmel,
Saugt das Blut aus lieben Dingen,
Findet's lecker, findet's schick,
Dieses Monster, das bin ich.

Die Maus

Schöne Tage, Maus der Zeit,
Frisst mein Leben auf ganz leis',
Achtundzwanzig Jahre hin,
Schlecht gelebt, nach meinem Sinn.

Der Floh

Flöhe, Freunde und Gespielen,
Grausam sind die, die uns lieben!
Unser Blut für die vergossen,
Unglücklich zurückgelassen.

Der Pfau

Während dieser Vogel fächert,
Dessen Schweif den Rasen scharrt,
Scheint er noch viel schöner heute,
Der den Hintern offenbart.

Die Raupe

Arbeit wird zu Wohlstand führen.
Arme Dichter, lasst uns rühren!
Raupe, die am Tage spinnt,
Wird ein reicher Schmetterling.

Der Krebs

Befangenheit, o du mein Glück,
Du und ich, wir geh'n zurück,
Gleichsam wie die Krebse gehen,
Gehen wir zurück, zurück.

Traurigkeit eines Sterns

Eine schöne Minerva ist in meinem Kopf geboren
Ein Blutstern wird für immer meine Krone sein
Der Verstand bleibt am Boden und der Himmel krönt
Den Kopf aus dem du so lange o Göttin Kraft schöpftest

Darum war dies von all meinen Krankheiten
Nie die schlimmste
Dieses beinah-tödliche Loch aus dem ein Stern wurde
Doch das geheime Elend das mein Delirium nährt
Ist viel größer als was die Seele jemals verbarg

Und ich trage diesen brennenden Schmerz in mir
Auf die Art wie das Glühwürmchen sich am Leuchten hält
Auf die Art wie Frankreich eines Soldaten Herzen berührt
Und das Herz der Lilie die duftenden Pollen

Erinnerungen

      Zwei schwarze Flüsse
          Zwischen einem Wald
              Und einem trocknendem Hemd

Den offenen Mund über einer Mundharmonika
Es war eine Stimme die aus den Augen hervorging
Während die gewöhnlichen Menschen umherzogen

Eine kleine alte Dame mit spitzer Nase
Ich bewundere die Wärmflasche aus blauer Emaille
Aber die Ratten ziehen in die Leichen und bleiben dort

Ein Gentleman in Hemdsärmeln
Rasiert sich am Fenster
Er singt eine kleine Melodie über die er nicht viel weiß
Durchaus eine ziemlich kleine Oper

Du der du dich dem König zuwendest
Würde Gott wieder sterben wollen

Durch Europa
Für M. Ch.

Rotsoge
Dein scharlachrotes Gesicht dein Doppeldecker
Der sich in einen Hydroplan verwandeln lässt
Dein rundes Haus in dem ein wilder Hering schwimmt
Ich benötige den Schlüssel zu den Augenlidern
Zum Glück sind wir Monsieur Panado begegnet
Auf dieser Partitur ruhen unsere Gedanken
Was siehst du mein lieber M. D. ...
90 oder 324 ein Mann in der Luft ein Kalb
Das aus dem Bauch seiner Mutter späht

Ich habe die Straßen lange abgesucht
So viele Augen am Rand der Straße sind verschlossen
Der Wind rührt die Weide zu Tränen
Öffnen öffnen öffnen öffnen öffnen
Gib auf jeden Fall Obacht
Der alte Mann wäscht seine Füße in der Schüssel
Una volta ho inteso dire Ché vuoi
Ich begann zu weinen
Als ich mich an deine Kindheit erinnerte

Und du du zeigtest mir eine grauenvolle lila Farbe

Dieses kleine Gemälde mit einem Auto
Erinnert mich an einen Tag
Aus Lila Gelb Blau Grün und Rot
Als ich aufs Land ging mit einer charmanten halben
Flasche voll Wein die ihren Hund an der Leine führte
Alles ist fort du hast dein kleines Mirliton nicht mehr

Weit fort von mir raucht sie russische Zigaretten
Der Hund bellt den Flieder an
Die Nachtlampen sind heruntergebrannt
Blütenblätter sind auf das Kleid gefallen
Die Sonne scheint auf die Sandalen
Doch deine Haare sind eine Seilbahn
Die Europa in bunte Lichter kleidet

Montparnasse

O Hotelportal mit deinen zwei grünen Pflanzen
Grün das niemals
Blüten trägt
Wo sind meine Früchte Wo kann ich mich einpflanzen
O Hotelportal vor dir steht ein Engel
Und verteilt Handzettel
Noch nie wurde die Tugend so gut verteidigt
Gib mir lebenslang ein Zimmer für die Woche
Bärtiger Engel in Wahrheit bist du
Dein deutscher Lyriker
Begierig Paris kennenzulernen
Alles was du über seine Fußgängerstraßen weißt
Sind diese gestrichenen Linien die du nicht betreten darfst
               Und du träumst davon
Den Sonntag draußen in Garches zu verbringen

Die Luft ist bedrückend und du trägst langes Haar
O guter kleiner Dichter du bist ein wenig zu blond
Und zu dumm
Deine Augen gleichen diesen beiden Luftballons
Die dem Abenteuer
Entgegenschweben

O meine verlassene Jugend

O meine verlassene Jugend
Wie eine verblasste Girlande
Nun kommt die Jahreszeit
Der Verachtung und des Zorns

Die Landschaft ist geformt aus Leinen
Ein unwirklicher Fluss aus Blut fließt
Und unter dem sternenbesetzten Baum
Spaziert ein einzelner Clown

Ein pudriges kaltes Licht spielt
Auf der Szene auf deiner Wange
Ein Revolver stieß einen Schrei aus
Im Schatten lächelte ein Porträt

Das Glas des Rahmens ist zerbrochen
Eine undefinierbare Melodie zögert
Zwischen Klang und Denken
Zwischen Zukunft und Erinnerung

O meine verlassene Jugend
Wie eine verblasste Girlande
Nun kommt die Jahreszeit
Der Verachtung und des Zorns

Der Abend bricht an ...

Der Abend bricht an und im Garten
Erzählen Mädchen Geschichten zur Nacht
Die mit gewissem Verachten
Ihre schwarzen Haare spalten

Kinder kleine Kinder
Eure Flügel sind davongeflogen
Aber du der Auferstandene hüte dich
Deinen unvergleichlichen Duft zu verlieren

Denn jetzt ist die Stunde
Da Federn Blumen und Zöpfe gestohlen werden
Pflückt den Wasserstrahl des Brunnens
Dessen Geliebte die Rosen sind

Ein Sommerabend

Der Rhein
Fließt
Der Zug
Rollt

Weiße Nixen
Beim Gebet
Im Dornenbusch

Alle Mädchen
Sind am Brunnen
Ich trage so viel Schmerz

Ich bin so verliebt
Sagte der Lieblichste
Möge er treu sein

Und ich liebe ihn
Sagte seine Patin
Der Schmerz in meinem Kopf

Am Brunnen
Hasse ich so sehr

„Du hast nicht gefunden …"

Mein Geheimnis hast du nicht gefunden
Die Prozession schreitet schon vorbei
Unsre Trauer nie überwunden
Wir stimmen nicht überein

Im Wasser da treibt eine Rose
Bandmasken ziehen vorbei
Die Glocke schwingt laut und tosend
Des Geheimnisses wann wird es frei

Das Flugzeug (l'Avion)

Frankreich, was hast du mit dem Flieger Ader gemacht?
Ein Wort kam ihm zu und nun nicht mal dieses.

Als er aus der Theorie Fakten schuf,
Gab es im Französischen kein Wort dafür;
Ader wurde Poet und erschuf avion.

O Bürger von Paris, Marseille und Lyon,
All ihr Flüsse Frankreichs, ihr französischen Berge,
Stadtbewohner und Landbewohner,
Das Fluginstrument heißt avion.

Dieses süße Wort hätte selbst Villon bezirzt.
Die Dichter der Zukunft werden
Es in ihren Versen verwenden.

Nein, deine Flügel, Ader, waren nicht anonym.
Sobald man ihm einen Namen gegeben hatte,
Kamen die Grammatiker,
Und verfälschten ein gelerntes Wort,
Das nichts über das Fliegen aussagte,
Es gab eine dumpfe Pause,
Gefolgt von einem einfachen Geräusch, gleich einem Esel,
Ein Wort so lang wie manches deutsche.

Es brauchte die flüsternde Stimme von Ariel,
Um das Gerät zu benennen, das uns in die Lüfte hebt.
Das Raunen des Windes, ein Vogel im Raum
Und ein französisches Wort landet in unseren Mündern.

Avion, avion, möge es sich in die Lüfte erheben,
Möge es über Berge gleiten, Ozeane überqueren,
Möge es zur Sonne emporstarren wie Ikarus,
Und möge ein avion sich noch höher verirren
Und eine Furche im ewigen Äther hinterlassen.
Aber lasst uns den süßen Namen avion behalten;
Für die fünf wendigen Buchstaben dieses einmaligen Wortes
Haben sich die beweglichen Himmel geöffnet.

Franzosen, was habt ihr mit Ader dem Flieger gemacht?
Ein Wort kam ihm zu und nun nicht mal dieses.

Gedichte aus dem Krieg

X

Ihr seid wieder zurück
Erinnerungen an meine im Krieg gefallenen Kameraden
Olivenzweig der Zeit
Erinnerungen die zu einer einzigen Erinnerung
Zusammenfallen
Genau wie einhundert Häute nur einen Mantel ergeben
Wie diese tausenden von Wunden
Nur einen Zeitungsartikel
Eine staubartige und dunkle Gegenwart annehmend

Mein sich verändernder Umriss meines Schattens
Ein Indianer auf der Suche nach jeder Ewigkeit
Mein Schatten der neben mir schleicht
Doch du hörst mich nie wieder
Du wirst nie wieder die göttlichen Gedichte
Kennenlernen die ich singe
Aber ich höre dich immer noch und sehe dich immer noch
Schicksale
Vielfältige Schatten geben dass die Sonne dich bewahrt

Freund ich schreibe dir
Für Tristan Derème redivicus

Freund ich schreibe dir aus der Feldküche
Der Wind schreit und der Himmel ist schieferfarben
Er ist blau aber feindselig
Es ist über ein Jahr her
Seitdem du jetzt keine Briefe mehr schreibst
Ich versuche mich zu deinen Helden emporzuschwingen
Die den Tod fanden
Ich besetze unsere verbliebenen Waffentransporter
Neunzehn-75stes und 120stes
Meine argentinischen Pferde fliegen wie der Nordwind

Heute Morgen habe ich dein nobles Gedicht erhalten
Ich habe es zwanzig Mal gelesen und liebe es so wie es ist
Die Fahrer und die Waffenbesatzungen
Haben deine Zeilen gesehen
Und Tränen benetzten ihre gehärteten Gesichter
Ich würde dich liebend gerne sehen
Ich werde in den Krieg ziehen
Komm' eines Tages zu mir

Der Himmel ist tiefblau

Der Himmel ist tiefblau
In ihm löst sich mein Blick auf und ertrinkt

Eine unsichtbare Granate jault
Ich schreibe sitzend unter einem Weidenbaum

Der Abendstern gleicht einem Rajah-Reiher oder dem
schönen Licht das von unserer Phalanx abprallt

Die Nacht steigt herab ...

Die Nacht steigt herab wie kräuselnder Nebel
Heute Nacht bin ich betrübt
Das kalte trockene Wetter macht mich traurig
Die Soldaten singen noch immer
Bevor sie wieder an die Front gehen

Wir gehen in den Tod singen sie wie Kinder
Andere schälen mit ernster Stirn das Gemüse
Ich warte auf frische Läuse einen neuen Alarm

Ich hoffe auf den Mut dass wir unsere Pflicht erfüllen
Ich warte auf unsere Schießbank
Ich warte auf die Nachtwache
Ich warte auf die Schlichtheit meiner Granaten
Die in mir wallen
Die uns warnen
In unserem Graben
Die Nacht steigt herab wie kräuselnder Nebel
Hasen und Kaninchen sitzen auf dem nackten Feld

Die Nacht sinkt herab zu ihren Knien
Jene die morgen sterben werden knien
Demütig
Ein leichter Schatten liegt auf dem Schnee
Die Nacht steigt herab ohne zu lächeln
Ein Schatten der Zeit vor der Zukunft
Jagt die Zukunft

Erster Schütze

Erster Schütze
Ich bin an der Front und grüße dich
Nein deine Augen täuschen dich nicht
Mein Sektor ist 59

Ich höre den Vogel pfeifen
Den schönen Greifvogel

Aus der Ferne sehe ich die Kathedrale
O mein lieber André Billy

Der Abschied des Kavalleristen

Wahrlich Gott! der Krieg ist eine schöne Sache
Mit seinen Liedern seiner Freizeit
Ich habe diesen Ring poliert
Der Wind verschmilzt mit deinen Seufzern

Lebewohl! Das Signalhorn der Reiter ruft
Er verschwand um eine Kurve
Und starb während sie
Über das Schicksal lachte

Chevaux-de-Frise

Im weißen nächtlichen November
Wenn die Bäume zerschreddert werden durch die Artillerie
Alternd im Schnee
Und entfernt Chevaux-de-Frise ähneln
Umgeben von Wellen aus Draht
Lebt mein Herz wieder auf wie ein Baum im Frühling
Ein Baum mit Früchten wo
      Die Liebe blüht

Im weißen nächtlichen November
Wo Granaten ihr schreckliches Lied sangen
Und die toten Blumen der Erde
          Ihren todbringenden Duft ausatmeten
Schilderte ich jeden Tag meine Liebe für Madeleine
Der Schnee schüttet blasse Blumen auf die Bäume
    Und ummantelt die Cheveaux-de-Frise
    Mit Hermelin
    Überall um uns herum
        Verlassen und unheimlich
            Stehen stumme Pferde
  Ohne Draht aber mit Widerhaken
        Und plötzlich erwecke ich sie zum Leben
    Wie eine Truppe hübscher Scheckenpferde
Die sich auf dich zubewegen wie weiße Wellen
      Am Mittelmeer
    Und dir meine Liebe bringen
Rosenlilie o Panther o blaue Sterntauben
            O Madeleine

Ich liebe dich mit Freude
Wenn ich an deine Augen denke
Denke ich an die frischen Quellen
Wenn ich an deinen Mund denke erscheinen die Rosen
Wenn ich an deine Brüste denke steigt Paraklet herab
    O Zwillingstauben
Und löst meine Dichterzunge
        Lass mich dir noch einmal sagen
        Ich liebe dich
Dein Gesicht ist ein Strauß aus Blumen
      Heute erscheinst du mir nicht als Panther
          Sondern als Jedeblume
Und ich atme dich meine Jedeblume
Alle Lilien erheben sich in dir wie Hymnen
Der Liebe und Freude
Und diese Lieder die zu dir fliegen
           Rücken mich näher an deine Seite
           In deinen wunderschönen Orient wo Lilien
Zu Palmbäumen werden deren süße Hände
Mir zur Ankunft winken
Die Rakete platzt mit nächtlichen Blumen
      Sobald es dunkel ist
Und fällt zur Erde wie Tränen der Liebe
Glückliche Tränen die Freude auslösen
      Und ich liebe dich so wie du mich liebst
          Madeleine

Mutation

Eine Frau weint
Hey ho!
Soldaten gehen vorbei
Hey ho!
Der Schleusenwärter angelt
Hey ho!
Die Gräben leeren sich
Hey ho!
Die Granaten platzen
Hey ho!
Die Streichhölzer zischen

Und
    In mir
        Hat sich alles
    Verändert
        Außer meiner Liebe
                Hey ho!

Ein paar Dinge

Wie viele denkt ihr konnten wir töten
Mein Glaube
Seltsam es interessiert uns nicht
Mein Glaube
Eine Tafel Schokolade für unsere Boches
Feuer meines Glaubens
Einen Camembert für ihre Schützen
Feuer meines Glaubens
Jedes Mal wenn du Feuer! sagst werden die Worte
Zu Stahl der in der Ferne explodiert
Mein Glaube
Geh' in Deckung
Mein Glaube
Kra
Die Bastarde antworten zurück
Fremde Sprache meines Glaubens

Kommandant der Sektion

Mein Mund wird brennen wie die Gehenna
Mein Mund wird für dich eine Hölle der Süße
Und Verführung sein
Der Engel meines Mundes wird in deinem Herzen thronen
Der Soldat meines Mundes wird dich im Sturm erobern
Der Priester meines Mundes
Wird deine Schönheit zelebrieren
Deine Seele wird erzittern wie ein Erdbeben
Deine Augen werden dann mit all der Liebe aufgeladen
Die sich in den Augen der Menschheit
Seit ihrer Existenz angesammelt hat
Mein Mund wird eine Armee gegen dich sein
Eine ungleiche Armee
Abwechslungsreich wie ein Metamorphosen-Zauberer
Das Orchester und der Chor meines Mundes
Werden dir von meiner Liebe erzählen
Mein Mund flüstert es dir von Weitem zu
Während die Augen auf meine Uhr gerichtet sind
Zähle ich die Minuten bis zum Angriff

Endlich alter Freund ich bin Unteroffizier

Endlich alter Freund ich bin Unteroffizier
Glaube nicht dass uns unsere Streifen
Hier zufliegen
Aber ein Großmaul
Offizier aus Leidenschaft feiert seine
Rückkehr in die Kaserne ich verstecke ich mich unter
Einer Weide
Doch um schreiben zu können nutze ich
Ein weggeworfenes Ölfass

Der Graben

Ich bin der weiße Graben mit dem weißen hohlen Körper
Ich bewohne die ganze verwüstete Erde
Ich bin unerfahren in der Liebe die mein ganzer Körper ist
Dringe in mich ein schenke mir blutige Glückseligkeit
Ich werde deine Krankheiten deinen Kummer
Dein Verlangen deine Trauer heilen
Durch das nette saubere Lied der Kugeln
Und das Orchester der Waffen
Sieh ich bin weißer als der weißeste Körper
Lege dich auf meine Brust wie auf einen geliebten Bauch
Ich werde dir eine unvergleichliche Liebe schenken ohne
Schlaf ohne Worte
Ich liebte die jungen Menschen so sehr
Ich liebte sie wie der Zauberer Morgana es tat
In ihrer Festung ohne Wiederkehr
Hoch oben auf dem Berg Ätna
Ätna von wo aus unsere Soldaten nach Serbien eilen
Ich habe sie geliebt und nun sind sie tot
Doch ich liebe nur die Lebenden
Also dringe in mein Geschlecht tiefer als die längste
Schlange als alle Toten aneinandergereiht
Komm und höre die metallischen Lieder
Die ich mit meinem weißen Mund singe
Jene die mich lieben sind hier mit Gewehren
Grabenbomben Mörsergranaten und begleiten mich still

4 Uhr

Es ist 4 Uhr morgens
Ich stehe auf in voller Kluft
Nehme ein Stück Seife
Jemand den ich liebe hat sie mir geschickt
Ich werde mich waschen
Ich verlasse das Loch in dem wir leben
Und bin glücklich mich waschen zu können
Was ich seit drei Tagen nicht mehr konnte
Frisch geschrubbt werde ich mich rasieren
Schließlich verschmelze ich himmelblau mit dem
Horizont bis zum Einbruch der Nacht
und es ist ein süßes Vergnügen
Es gibt nichts mehr zu sagen alles was ich tue
wird getan von einer unsichtbaren Gestalt
Weil ich meinen Mantel zugeknöpft habe kann man
meinen blauen Kopf nicht vom Himmel unterscheiden

Rauch

        Und während des Krieges
        Blutete die Erde
        Ich erhöhe die Gerüche
        Zum Geschmack der Farben

        Und ich rau
          ch
          e
          den
          Ta
          bak
          der
          ZoNE

Blumen die niedrig über dem Boden wachsen blicken
In die Ringe aus Rauch die sich in deinen Händen kräuseln
Doch kenne ich auch die duftenden Höhlen
In denen das einzigartige Azurblau wirbelt
In denen süßer als die Nacht und reiner als der Tag
Du ausgestreckt daliegst wie ein liebesmüder Gott
        Du bezauberst die Flammen
        Sie kriechen zu deinen Füßen
        Wie die gleichgültigen Frauen
        Deiner Papierbögen

S P
Für Oberstabsfeldwebel René Berthier

Was legt man in
Eine Deichsel-Kiste
Hey Soldat alter Kumpel

                              Peng Peng Peng
                              Zisch Zisch Zisch
                              Peng Peng Peng
                              Brutzelnder Gewehrlauf

                Spezielle Gläser
                Runde Gläser
          Hab Dank für deine Schutzmaske
            Ein getränktes Stoffnasentuch

In einer Lö
sung
Aus Bi
carbo
nat von
Natrium

                Die Masken werden ein
                fach befeuchtet mit Trä
                    nen des Lachens
                      des Lachens

Ich träumte ich ging ...

Ich träumte ich ging zu meiner Beerdigung
Du warst nicht gekommen und ich hörte dich lachen
Aber dein Mund war da sein vampirisches Saugen
Rollte rote Reifen unter meinen wahnsinnigen Blick
Und als du lachtest starb ich noch einmal

In einem Café in Nîmes

Du gehst – Ja heute Nacht –
Irgendwo Reims oder Belgien
Meine Reise ist ein großes schwarzes Loch
In unserer Republik
Das ist alles was ich weiß

Warst du dort – in Lothringen
Dort habe ich zum ersten Mal gekämpft
Ich sah die Marne und ich sah die Aisne
Viermal war ich dem Tode nahe
Diesem Führer des Nordens

Ich wurde zweimal durch ein Schrapnell verwundet
Und erhielt den Militärorden
Verwundet kehrte ich in einem Bus nach Hause zurück
Ich saß neben einem Spion mit einem Sonnenhut

Er versuchte zu entkommen
Mein Griff
Erwürgte ihn
Ich benutzte seinen abstoßenden Kadaver
Als Matratze Die Wiesennymphen
Alle Nymphen des Nordens
Hatten sich unterwegs versammelt

Und während des Waldes Farben
Im Laub raschelten
Sagten sie mit süßer Stimme
„Bravo kleiner Soldat aus Frankreich"
Dann habe ich mich bekreuzt

Hinunter in die Gräben Unteroffizier
Dein Los wird glorreich und glücklich sein
Dort drüben bei den ausgegrabenen Linien
Sind deine gebieterischen Waffen
Süchtig nach Siegen

In einem Depot sitzen wir Kanoniere
Und erwarten die Stunde des Ruhmes
Du warst der erste der ging
Wir werden den Sieg davontragen
Wir die wir als letzte gehen –

Geduld Schützen
Dann Lebewohl – lebe wohl Unteroffizier –
Dein Name – Mein Name ist Hoffnung
Ich bin eine Kanone ein Pferd
Ich bin die Hoffnung Lang lebe Frankreich

Wenn ich dort gestorben wäre

Wenn ich dort sterben würde an der Front
Würdest du eines Tages weinen Lou meine Liebe
Und meine Erinnerungen würden verblassen
Als würden sie sterben
Genauso wie eine Granate an der Front stirbt
Wenn sie explodiert
Eine liebliche Granate gleich einer Mimose

Und dann würde diese Erinnerung die im Raum zerplatzt
Die Welt in mein Blut hüllen
Das Meer die Hügel die Täler und die vorbeiziehenden Sterne
Die prächtigen Sonnen die im Raum reifen
Wie goldene Früchte um Baratier

Eine vergessene Erinnerung lebt in allen Dingen
Ich würde die Spitzen deiner
schönen pinkfarbenen Brüste erröten
Ich würde deinen Mund erröten
und dein blutgetränktes Haar
Du würdest kein bisschen altern all diese schönen Dinge
Würden für immer jünger werden
und bereit sein für das tapfere Schicksal

Mein verhängnisvolles Blut würde die Welt benetzen
Würde der Sonne ein brillanteres Licht verleihen
Den Blumen mehr Farbe den Wellen
mehr Geschwindigkeit geben
Eine unerhörte Liebe würde auf die Welt hinabsteigen
Dein Geliebter wäre stärker in deinem Körper zu spüren

Lou wenn ich dort sterbe verschwindet die Erinnerung
– Erinnere dich an mich in diesen
wahnsinnigen Augenblicken
Der Jugend und Liebe und der schillernden Begeisterung –
Mein Blut ist die feurige Quelle des Glücks
Und weil du die Schönste bist sei die Glücklichste

O meine einzigartige Liebe meine große Torheit

        L icht fällt herab
        O Mensch des
        U nüberwindlichen Schicksals des Blutes

Militärzug

Wir gehen wir gehen voran mit ruhigem Schritt
Nach dem Essen trinken wir aus Blechdosen
Wir sahen den letzten blühenden Baum außerhalb von Dijon
(Denn rund um Nîmes ist die Saison vorüber)
Sie waren rosa wie die Brüste deines Mädchens
Mein Leben ist altmodisch wie die Zeitung
Von Gestern und ihr Frauen wir lieben eure Bilder
Wir sind eingezwängt in unsere Waggons
Wie die Vögel in ihren Käfigen
Erinnerst du dich noch an den Nebel bei Sospel
Das kleine Mädchen mit dem gewöhnlichen Laster
Und an unsere Nacht in Vence bevor wir nach Grasse zogen
Und an das Hotel in Menton
Alles wird müde und geht kaputt
Und wenn du einst alt bist oh meine junge Schönheit
Wenn dein prächtiger Sommer sich in den Winter verwandelt
Wenn mein Name in der Welt bekannt ist
Wenn du ihn vernimmst Guillaume Apollinaire
Wirst du sagen dass er dich geliebt hat und mit Stolz erfüllte
Öffne mir dein Herz wie du deine Arme geöffnet hast

***

Erinnerungen sind grenzenlose Gärten
In denen die Kröte einen zarten azurblauen Schrei moduliert
Das Reh der verstörenden Stille rennt vorbei
Eine von der Liebe verletzte Nachtigall singt
Auf dem Rosenstrauch deines Körpers
Den ich gepflückt habe
Unsere Herzen hängen am selben Granatapfelbaum
Dessen Granatäpfel zwischen unseren Herzen blühen
Einer nach dem anderen fiel herab auf den Weg

***

Die Bäume rennen vorbei sie rennen und rennen tüchtig
Und der Horizont trifft auf den Zug
Die Telegrafenmasten steif vor Liebe stehen
Wie Böcke verbunden mit der Gelassenheit des Himmels
Gleichsam geliebter Himmel wie du geliebte Lou
Ich suche noch immer nach dir oh verlorenes Paradies
Ich erinnere mich an all unsere tiefen Küsse
Ein süßer Windstoß beißend wie ein Kuss
Der Erinnerung und immer wieder Erinnerung

Rauch aus der Feldküche

Der Rauch der Feldküche gleicht
Der hereinbrechenden Nacht
Laute oder leise Stimmen überall blutet der Wein
Ich ziehe meine Pfeife hervor frei und stolz
unter meinen Kameraden
Sie werden mit mir aufs Schlachtfeld ziehen
Sie werden im Regen schlafen oder unter den Sternen
Sie werden mit mir reiten die Satteltaschen
sind gefüllt mit Siegen
Sie werden dieselben Befehle befolgen wie ich
Sie werden leidenschaftlich
Die erhabenen Fanfaren vernehmen
Sie werden neben mir sterben oder ich neben ihnen
Sie werden die Hitze und Kälte mit mir erdulden
Das sind die Männer die mit mir zusammen trinken
Sie und ich gehorchen den Gesetzen des Menschen
Sie beobachten die Frauen die auf den Straßen vorbeilaufen
Sie wollen sie aber höhere Liebe
Leitet mein Herz meine Sinne und meinen Verstand
Und wer sind mein Land meine Familie meine Hoffnung
Für mich die Liebe zum Soldatensein Soldat
Des süßen Frankreich

XXVIII

Haltet Ausschau nach Zeppelinen
Zeppeline jeglicher Art
Die der Boches sind listige Tiere
Die der Franzosen sind jedoch fleischiger
Haltet Ausschau nach Zeppelinen
Alle Offiziere Frankreichs Weitermachen

Aufmerksamkeiten

Jener der heute Nacht im Graben sterben muss
Ist ein kleiner Soldat dessen träge Augen
Den ganzen Tag die Herrlichkeit betrachten welche die Nacht
An Zinndächern aufgehängt hat
Jener der heute Nacht im Graben sterben muss
Ist ein kleiner Soldat mein Bruder und mein Geliebter

Und weil er sterben muss möchte ich mich herausputzen
Ich möchte mit meiner nackten Brust die Fackeln entzünden
Ich möchte mit meinen großen Augen den gefrorenen
Teich zum Schmelzen bringen
Und ich möchte dass meine Hüften Gräber sind
Denn weil er sterben muss möchte ich mich herausputzen
Mit Tod und Inzest diesen beiden Werken der Schönheit

Kühe im Sonnenuntergang mähen ihre Rosen
Des blauen Vogels Flügel fächert mich sanft
Dies ist die Stunde der Liebe brennender Neurosen
Dies ist die Stunde des Todes und des letzten Wunsches
Jener der zugrunde gehen muss wie eine sterbende Rose
Ist ein kleiner Soldat mein Bruder und mein Geliebter

***

Aber meine Dame hören Sie mir zu
Sie haben etwas verloren
– Mein Herz das ist alles
Bitte heben Sie es auf
Ich gab es hin ich nahm es zurück
Es lag dort in den Gräben

Es ist hier und ich lache ich lache
Um die schöne Liebe die der Tod niedergemäht hat

***

Die Hoffnung lodert heute Abend wie ein armes Dorf
Gefängnis oder Paradies wen kümmert's schon
Die kommende Liebe wird mir umso mehr gefallen
Sind meine Augen nicht ein Paar wundervolle Schurken

Wenn ich dann eines Abends trotz der Liebe wachliege
Werde ich mich an das Meer erinnern an die Orangenbäume
Und an dieses arme Kreuz unter dem ein Herz
Unter den Herzen schläft das durch die Glorie gerächt wurde

***

Und während der Mond leuchtet
Singt dieses Herz ihm entgegen
Frauen und junge Damen
Ich bin wahrhaftig tot Ah wie langweilig
Und warum ist meine Geliebte nicht
Gestorben um mich in der Nacht zu lieben

***

Aber lausche den Gesängen
Diesen Medaillen die so schön aneinanderstoßen
Diesen Klängen der goldenen Totenglocken
All den Maiglöckchen all den Lilien des Tales

Es sind jene Toten die auferstehen
Es sind die toten Soldaten die
Von der verlorenen Liebe träumen

Makellos
Und untröstlich

***

– Am 13. Mai dieses Jahres
Als du durch das Weiß
Meiner maskierten Seele gegangen bist
Hast du plötzlich die Toten und die Lebenden gesehen
Diese im Rücken jene vor dir
Soldaten und Frauen
Ein Zug eilt über die amerikanische Prärie
In der Dunkelheit um mich herum leuchten Glühwürmchen
Als ob die Wiese ein Spiegel des Himmels wäre
Und der Sterne
Und ein Glühwürmchen pulsiert genau
Unter dem Stern mit dem Namen Lou
Er ist meiner Liebe spiritueller und irdischer
Körper
Und sein mystischer und himmlischer
Geist

***

Bereithalten

Mein lieber André Rouveyre
Ba bum ba bum John Thomas Bum
Wir wissen nicht wann wir aufbrechen
Oder wann wir zurückkommen

Beim Mercure de France
Hält der März Einzug in allen Farben
Ich habe ihm mein Werk geschickt
Auf kariertem Papier

Ich höre das Klappern der großen Artilleriepferde
Auf der Hauptstraße wo ich Wache halte
Ich bin eingehüllt in einen bleistiftfarbenen Mantel
Grau wie der Himmel
                Ein
            Trauriger
             Himmel
             Nieder-
          geschlagen
              Von
             Einem
             Tris-
              ten
            Lächeln
Des Mondes der mich beim Schreiben beobachtet

Die Hügel

Eines Tages über Paris
Kämpften zwei große Flugzeuge gegeneinander
Eines war rot und das andere schwarz
Während die unendliche Sonnenebene
Im Zenit loderte

Das eine war meine ganze Jugend
Das andere war meine Zukunft
Sie kämpften mit ganzer Wut
So wie der Erzengel mit strahlenden Flügeln
Gegen Luzifer gekämpft hatte

So wie die Berechnung mit dem Problem ringt
So wie die Nacht gegen den Tag
So wie meine Liebe gegen meine Geliebten
So wie der Sturm
Den schreienden Baum entwurzelt

Doch betrachte diese Lieblichkeit überall
Paris gleicht einem jungen Mädchen
Das träge erwacht
Die langen Haare schüttelt
Und ihr schönes Lied singt

Wo ist meine Jugend hin
Man sieht die Zukunft brennen
Wisse dass ich heute
Der ganzen Welt verkünde
Dass die Kunst der Prophezeiung
Endlich das Licht der Welt erblickte

Einige Menschen gleichen Hügeln
Die sich aus der Menge abheben
Und in der Ferne jede Zukunft erkennen
Genauer als wenn sie gegenwärtig wäre
Klarer als wenn sie schon vergangen wäre

Die Ornamente der Zeiten und Straßen
Ziehen weiter und weiter ohne anzuhalten
Sie lassen die Schlangen vergeblich
Gegen den Südwind zischen
Die Schlangenbeschwörer
Und die Wellen sind untergegangen

Das Modell unserer Zeit falls die Maschinen
Sich zum Nachdenken entschließen
Würde an kostbaren Stränden
Goldene Wellen brechen
Der Meeresschaum wäre wie eine Mutter

Tiefer als die Menschen fliegt der Adler
Er bringt die Freude auf die Meere
Während er den Schatten
Und den schwindelerregenden Zorn
Die Geist und Traum vereinen
In die Lüfte streut

Es ist die Zeit der magischen Wiederkehr
Bereite dich vor
Für Milliarden von Wundern
Die in keiner Fabel stehen
Da sie sich niemand vorzustellen vermochte

Bewusstsein deine Tiefen
Werden wir morgen erkunden
Und wer kann sagen welche Lebewesen
Aus diesen Abgründen an die Oberfläche
Des Universums treten

Hier erheben sich die Propheten
Wie ferne blaue Hügel
Ihr Wissen wird so bedeutend sein
Wie die Gelehrten es von ihrem glauben
Und es wird uns überall hinführen

Die größte Kraft ist das Verlangen
Komm lass mich deine Stirn küssen
O du Licht flink wie die Flamme
Dein ist der Schmerz
All seine Begeisterung all seine Brillanz

Die Zeit die Leiden zu studieren
Wird bald anbrechen
Es ist keine Frage des Mutes
Oder des Verzichts
Oder menschlicher Stärke

Die Menschheit wird nach sich selbst suchen
Wie niemals zuvor
Ihren Willen hinterfragen
Die Kraft wird daraus hervorgehen
Ohne Werkzeuge oder Maschinen

Die hilfreichen Geister ziehen umher
Mischen sich unter uns
Aus der Dämmerung dieser neuen Zeit
In der nichts beginnt und nichts endet
Betrachte den Ring an deinem Finger

Zeit der Wüsten der Scheidewege
Zeit der Plätze und der Hügel
Ich bin gekommen um Kunststücke aufzuführen
Bei denen ein Talisman eine Rolle spielt
Lebloser und tiefgründiger als das Leben

Ich habe mich endlich von allen
Natürlichen Dingen losgesagt
Ich kann sterben ohne zu sündigen
Und alles was ich nie berühren konnte
Habe ich gespürt habe ich gefühlt

Und ich habe alles untersucht
Wovon sich niemand eine Vorstellung macht
Zu oft habe ich sogar
Das unabwägbare Leben gewogen
Ich kann mit einem Lächeln sterben

Oft bin ich hinauf gestiegen
So hoch dass ich mich von allen Dingen verabschiedet habe
Absonderlichkeiten und Geister
Und ich möchte diesen Jungen nicht mehr bewundern
Der die Angst untergräbt

Lebewohl Jugend Jasmin der Zeit
Ich habe deinen Duft eingeatmet
Auf den Blumenkarren Roms
Beladen mit Girlanden und Masken
Und Karnevalsglocken

Lebwohl weißes Julfest
Als das Leben nur ein Stern war
Dessen Reflexion mich absorbierte
Im Mittelmeer
Perlmuttartiger als Meteore

Weich wie das Nest eines Erzengels
Oder die Girlande der Wolken
Strahlender als Heiligenscheine
Emanationen und Pracht
Unendlich süße Harmonien

Ich blicke nicht mehr
Auf die weißglühende Wiese
Eine Schlange windet sich das bin ich
Ich bin die Flöte die ich spiele
Und die Peitsche die die anderen züchtigt

Die Zeit des Leidens rückt näher
Die Zeit der Güte
Lebewohl Jugend jetzt ist die Zeit
Da wir die Zukunft kennen
Ohne an ihr zugrunde zu gehen

Es kommt eine Zeit glühender Leidenschaft
In der allein der Wille handelt
Sieben Jahre unaussprechlicher Prüfungen
Die Menschheit wird Göttlichkeit erlangen
Reiner lebendiger und wissender

Sie wird andere Welten entdecken
Der Geist schmachtet wie die Blumen
Deren köstliche Früchte sprießen
Wir sehen sie reifen
Auf dem sonnenbeschienen Hügel

Ich beschreibe das wirkliche Leben
Nur ich kann es besingen
Meine Lieder fallen wie die Saat
Schweigt ihr die ihr singt
Das Unkraut darf sich nicht zum Weizen gesellen

Ein Schiff legte am Hafen an
Ein großes Flaggschiff
Aber wir fanden niemanden an Bord
Da war eine schöne purpurfarbene Frau
Die ermordet da lag

Ein andermal bat ich
Alles was ich bekam war eine Flamme
Die mich bis auf die Lippen verbrannte
Und ich konnte mich nicht bedanken
Ich bin die Fackel die durch nichts gelöscht wird

Wo bist du mein Freund
Der so weit in sich zurückfiel
Dass nur noch ein Abgrund übrig blieb
In den ich mich stürzte
Zu farblosen Tiefen

Und ich höre meine Schritte wiederkehren
Von Pfaden die niemand
Betreten hat
Ich höre meine Schritte
Zu jeder Stunde vorübergehen
Langsam oder eilig kommend oder gehend

Winter der du deinen Bart rasierst
Es schneit und ich bin unglücklich
Ich durchquere den herrlichen Himmel
Wo das Leben Musik ist
Das Weiß der Erde blendet mich

Liebe mich gewöhne dich
An diese Wunder die ich verkünde
An die kommende Herrschaft der Güte
An das Leid das ich ertrage
Und du wirst die Zukunft kennen

Schönheit entsteht
Aus Leid und Güte
Die makelloser sind als die Schönheit
Die aus der Symmetrie sprießt
Es schneit ich brenne und bebe

Jetzt sitze ich an meinem Tisch
Ich schreibe über das was ich gefühlt habe
Und worüber ich dort oben gesungen habe
Ein schlanker Baum mit wehendem Haar
Schwingt im Wind

Ein Zylinder liegt auf
Einem Tisch voller Früchte
Die Handschuhe neben dem Apfel rühren sich nicht
Eine Dame hat sich den Hals umgedreht
Neben einem Mann der sich selbst verschluckt

In den Tiefen der Zeit rotiert der Tanz
Ich habe den hübschen Dirigenten ermordet
Und für meine Freunde schäle ich
Die Orange die nach wunderbarem
Feuerwerk schmeckt

Alle sind tot die Oberkellner
Schenken unechten Champagner aus
Der wie eine Schnecke schäumt
Oder das Hirn eines Dichters
Zum Gesang einer Rose

Der Sklave schwingt ein nacktes Schwert
Gleich Quellen und Flüssen
Und jedes Mal wenn es hinabsaust
Wird einem Universum der Kern herausgeschlagen
Aus dem eine neue Welt hervorgeht

Der Chauffeur sitzt am Lenkrad
In jeder Kurve
Hupt er
Und ein jungfräuliches Universum
Erstreckt sich soweit das Auge reicht

Und in der dritten Ebene ist die Dame
Sie steigt mit dem Lift
Höher und höher
Und das Licht breitet sich aus
Die Helligkeit verwandelt sie

Doch dies sind kleine Geheimnisse
Es gibt andere tieferliegende
Die schon bald enthüllt werden
Die dich in hundert Teile
Für immer beispielloser Gedanken zerbrechen

Aber weine weine und weine noch einmal
Und entweder ist der Mond voll
Oder nicht mehr als ein Croissant
Ah! Weine weine und weine noch einmal
Wir haben so viel in der Sonne gelacht

Goldene Rüstungen beschützen das Leben
Durchdringe das goldene Geheimnis
Alles ist nur eine springende Flamme
Geschmückt mit einer roten Rose
Die ihren köstlichen Duft verströmt

In Nîmes
Für Emile Léonard

Ich bin verbunden mit dem lieblichsten Himmel
In Nizza mit der Marine die diesen siegreichen Namen trägt

Verloren unter 900 namenlosen Fahrern
Befinde ich mich im neunten Transportcorps von Nîmes

Die Liebe sagt bleib doch dort drüben vermählen sich
Die Granaten unaufhörlich
Und leidenschaftlich mit ihren Zielen

Ich erwarte des Frühlings Befehle um furchtlose
Rohe Rekruten in den glorreichen Norden zu schicken

Die drei Kanoniere sitzen da und reiben ihre Stirn
Ihre Augen funkeln wie meine Sporen

Eines schönen Nachmittags beim Wachdienst im Stall
Vernahm ich die Artillerie-Trompeten

Ich genieße die Leichtigkeit der Distanz
Auf zur Front zu unserem edlen Regiment

Der Territorial isst einen Sardellensalat
Und redet über seine Frau

4 Kanonenposten überprüfen ihre Wasserwaagen
Die wie Pferdeaugen schwanken

Nach 9 bringt uns der gute Sänger Girault
Ein Ständchen aus einer Arie
Die wenn du sie hörst dich unweigerlich zum Weinen bringt

Ich streichle mit meiner Hand die kleine Kanone
Grau wie das Wasser der Seine und ich denke an Paris

Aber in der Kantine berichtete mir
Ein blasser verwundeter Kamerad
Vom silbernen Granaten die in der Nacht leuchten

Langsam kaue ich auf meiner Ration Rindfleisch
Ich spaziere von 5 bis 9 allein umher

Ich sattle auf und reite Querfeldein
Aus der Ferne grüße ich dich liebliche Rose
O Turm von Magne

Fête
Für André Rouveyre

Erleuchtung aus Stahl
Zauber des Feuerwerks
      Des Kunstgriffs Kunsthandwerk
Verbindung von Anmut und Mut

Zwei Granaten platzen
Explosionen in Pink
Wie zwei freigelegte Brüste
Bieten sie frech ihre Burstwarzen an
ER WAR FÄHIG ZU LIEBEN
      Was für eine Grabinschrift

Ein Poet im Wald
Blickt gleichgültig
      Auf seinen gespannten Revolver
Auf die Rosen die vor Hoffnung sterben

Er träumt von der Rose Saadis
Und plötzlich neigt sich sein Kopf
Als ihn eine Rose an die
Sanfte Kurve der Hüfte erinnert

Die Luft ist erfüllt von grauenhaftem Alkohol
Destilliert aus halb-geschlossenen Sternen
Wo du ruhst duftet die Nacht
      Entbehrung der Rosen

Donnerpalast

Durch die Öffnung des Grabens im Kalkstein
Von wo aus du auf die Wand schaust
Die scheinbar aus Nougat besteht
Flüchten wir links und rechts entlang
Des feuchten leeren Korridors
Zu einer fallen gelassenen Schaufel
Die mit ihrem angsterstarrten Gesicht
Und ihren Augenringen zu Tode gekommen ist
Während ich weitergehe sucht eine Ratte eine Zuflucht
Und auch der Graben versinkt
Unter kalküberzogenen Zweigen
Wie ein durchsichtiger Geist
Der durch eine weiße Leere schreitet
In der Höhe ist das blaue Dach
Und der Blick wird durch gerade Linien versperrt
Doch auf dieser Seite der Öffnung steht der neue Palast
Mit seinen Altersspuren
Die Decke besteht aus Eisenbahnschwellen
Zwischen diesen befinden sich Klumpen
Von Tannennadeln und Kreide
Ab und zu fallen Kreidestücke
Wie Fragmente des Alters herab
In der Nähe des Ausgangs der mit einem Tuch verschlossen
ist das man üblicherweise für Verpackungen verwendet
Dient ein Loch als provisorischer Herd
In dem ein Feuer wie eine Seele brennt
Es wirbelt herum es ist untrennbar
Mit dem verbunden was es verschlingt
Überall sind Drähte gespannt
Und dienen als Basis für die Dielen

Sie dienen auch als nützliche Haken
An die wir tausend Dinge hängen
Wie wir es mit Erinnerungen tun
Blaue Rucksäcke blaue Helme blaue Krawatten blaue Jacken
Himmelfetzen reinster Erinnerungen
Und manchmal schweben undeutliche Kreidewolken darüber
Auf den Planken leuchten goldene Zündraketen
Mit Juwelen und emaillierten Knöpfen
Schwarz weiß rot
Lenkraketen warten darauf gestartet zu werden
Und verleihen dieser unterirdischen Zuflucht
Einen schlanken und eleganten Stil
Umringt von einem Hufeisen aus sechs Betten
Sechs Betten bedeckt mit reichlich blauen Jacken

Das Palastdach ist ein Tumulus
Und Wellblechplatten
Stauen den Fluss auf dieser vollkommenen Domäne
Der kein Wasser führt
Weil hier nur das Feuer aus Melinit rollt
Der Garten mit fulminanten Blumen entspringt den Kratern
Die Glockenblumen läuten süß wie Perlmutt
Es gibt elegante kleine Pinien
Wie jene in den japanischen Gärten
Manchmal erhellt die Flamme einer Kerze
In der Größe einer Maus den Palast
O winziger Palast als würden wir dich
Durch das falsche Ende des Teleskops betrachten
Winziger Palast der Totenstille
Winziger Palast in dem alles neu erscheint und nichts alt ist
Und in dem alles Kostbare ist
Und jeder königliche Kleider trägt

Ein Sattel steht in einer Ecke rittlings auf einer Kiste
Eine Zeitung liegt auf dem Boden
Und doch scheint in diesem neuen Zuhause alles alt zu sein
Was uns ein Verständnis für die Liebe zur Antike verleiht
Die Vorliebe für Plunder
Existiert in der Menschheit seitdem wir in Höhlen lebten
Alles dort war kostbar und neu
Alles hier ist so kostbar und neu
Dass etwas älteres oder etwas aus früheren Zeiten
               Jetzt noch kostbarer erscheint
Als alles was wir jetzt hier haben
In diesem unterirdischen Palast
Wurde die Kreide weiß und neu aufgehäuft
Und zwei neue Stufen
               Vor weniger als zwei Wochen hineingegraben
Erscheinen so alt und abgenutzt in diesem Palast
Der die Antike nachahmt ohne sie nachzuahmen
Dass wir erkennen dass das was am einfachsten
Und am neusten ist
Dem am nächsten kommt was man antike Schönheit nennt
Und was mit Ornamenten überladen ist
Muss altern um die Schönheit zu erlangen
Die man als antik bezeichnet
Das bedeutet Kraft Adel Glut und Seele
Sich zu Nutzen zu machen was neu ist und dienlich
Vor allem wenn es einfach ist
So einfach wie der kleine Donnerpalast

Krieg

Zentrale Kampfzone
Lokalisierung durch Geräusche
Wir feuern in Richtung des „vernommenen Lärms"
Diese jungen Rekruten von 1915
Und diese elektrifizierten Kabel
Weine nicht wegen der Schrecken des Krieges
Zuvor besaßen wir nur die Oberfläche
Des Festlands und der Meere
Danach gehören uns die Abgründe
Die unterirdischen und die des Himmels für die Luftfahrt
Kommandant der Ersten Reihe
Nach nach nach
Wir holen uns die ganze Beute
Des Sieges
Frauen Spielhallen Industrie Fabriken
Handel Landwirtschaft Metallverarbeitung
Bleihagel Tempo
Eine Stimme Blicke treffen sich Auseinander
Und hinten zusammenziehen
Aus der Ferne
Von jenseits dieser Welt

Verlangen

Mein Verlangen ist der Sektor der vor mir liegt
Hinter den Linien der Boche
Mein Verlangen befindet sich aber auch hinter mir
Hinter dem Kampfgebiet

Mein Verlangen ist der Butte du Mensil
Mein Verlangen ist dort wo ich
Mein Verlangen abfeuere hinter den kämpfenden Linien
Ich rede heute nicht darüber aber ich denke darüber nach

Butte du Mensil ich beschwöre dich vergebens
Stacheldraht Maschinengewehre arrogante Feinde
Zu tief verschanzt und schon begraben

Rat-a-tat der Schüsse die verschwinden und sterben

Spät in der Nacht auf Spähpatrouille
Das Schnauben des kleinen Munitionszugs
Das Wellblech im Regen
Und unter dem Regen meine Sturmhaube

Belausche die leidenschaftliche Erde
Beobachte den Blitz bevor du den Schuss hörst

Und wie diese wahnsinnige Granate zischt
Oder dieses kurze monotone ekelerregende rat-a-tat

Ich möchte
Dich in meinen Händen halten Main de Massiges
Skelett auf der Landkarte

Ich habe auf den Goethegraben gefeuert
Ich habe sogar auf den Nietzschegraben gefeuert
Natürlich respektiere ich ruhmreiche Namen
Heftige Nacht manchmal violett und dunkel und voller Gold
Nur für Männer

Nacht des 24. September
Morgen wird angegriffen
Brutale Nacht deren schreckliche Schreie
Von Minute zu Minute intensiver wurde
Schreie der Nacht wie die einer gebärenden Frau
Nur für Männer

Fliegenschwarm

Ein Reiter galoppiert in der Ebene
Das Mädchen denkt an ihn
Und die Flotte in Mytilini
Dort ist der glühende Draht

Als sie die brennende Rose pflückten
Blühten plötzlich ihre Augen
Doch welche Sonne ist ein sündiger Mund
Ein lächelnder Mund

Übung

Vier Bombardiere befanden sich auf dem Weg
Zu einem Dorf hinter den Linien
Sie waren von Kopf bis Fuß
Mit Staub bedeckt

Sie betrachteten die weite Ebene
Und erinnerten sich
Und drehten sich um
Als eine Granate hustete

Alle gehörten zur 16. Kompanie
Sie sprachen nicht von der Zukunft
Sondern über die Vergangenheit
Also setzten sie ihre Askese fort
Jene Übung für den Tod

Kriegswunder

Wie wunderschön diese Raketen die Nacht erhellen
Sie erklimmen ihren eigenen Gipfel und spähen hinab
Dies sind die tanzenden Damen mit Augen und Armen
Und Herzen aus Gas

Ich erkannte dein Lächeln und deine Lebendigkeit

Es ist die tägliche Apotheose all meiner Berenices
Deren Haare jetzt Kometenschweife geworden sind
Diese übergoldeten Tänzerinnen
Gehören allen Zeiten und Rassen an
Sie beschleunigen die Geburt der Kinder
Die nur noch Zeit zum Sterben haben

Wie wunderschön sind all diese Raketen
Doch umso schöner wenn es noch mehr von ihnen gäbe
Wenn es Millionen von ihnen gäbe mit allen Schatten
Der Bedeutungen wie die Buchstaben in einem Buch
Dennoch sind sie so schön
Als ob das Leben selbst dem Tod entsprungen wäre

Aber es wäre noch schöner
Wenn es noch mehr von ihnen geben würde
Dennoch sehe ich in ihnen jene Schönheit
Die stirbt während sie sich hingibt
Sie gleichen einem großen Fest
Das durch das Licht der Natur erleuchtet wird
Ein Bankett das die Erde selbst veranstaltet
Sie ist hungrig und öffnet die langen blassen Münder
Die Erde ist hungrig
Und dies ist ihr kannibalisches Balthasar-Fest

Wer hätte je gedacht
Dass wir so menschenverzehrend sein können
Und dass so viel Feuer nötig sein würde
Um einen Menschen zu rösten
Es verleiht der Luft einen leichten empyreumatischen
Geschmack der mir nicht unangenehm ist
Doch das Fest würde an Schönheit gewinnen
Wenn Himmel und Erde gemeinsam verzehrten
Er schluckt einzig die Seelen
Eine Art des Nichtessens
Und ist zufrieden damit bunte Lichter zu jonglieren

Ich versank in der Süße dieses Krieges
Mit meiner Truppe entlang der langen Gräben
Die Schreie der Flammen verkündeten
Unaufhörlich meine Anwesenheit
Ich grub das Bett in dem ich versank
Und mündete in tausend Flüsse die überall hin strömten
Ich befinde mich im Graben der Frontlinie doch jetzt bin
Ich überall oder besser gesagt beginne überall zu sein
Ich bin derjenige der die Geschichte
Des zukünftigen Jahrhunderts beginnen wird
Die langsamer ihre Gestalt annimmt
Als der Mythos des fliegenden Ikarus

Ich hinterlasse der Nachwelt die Geschichte
Von Guillaume Apollinaire
Der im Krieg war und wusste wie man überall ist
In den glücklichen Städten hinter den Linien
In jeder Ecke des Universums
Unter denen die beim Durchqueren
Des Stacheldrahtes sterben
Unter den Frauen bei den Kanonen bei den Pferden
Am Zenit am Nadir an den 4 Kardinalpunkten
Und im einzigartigen Eifer dieses Kriegsabends

Und es wäre vermutlich viel schöner
Wenn ich glauben könnte dass all diese Dinge
In denen ich mich wiederfinde
Sich auch in mir wiederfänden
Aber dem ist nicht so
Denn auch wenn ich zu dieser Stunde überall bin
So ist in mir niemand außer mir selbst

Rakete

Die schwarze Locke in deinem Nacken ist mein Schatz
Mein Gedanke trifft dich und dein Gedanke kreuzt meinen
Deine Brüste sind die einzigen Granaten die ich liebe
Die Erinnerung an dich ist unser Suchscheinwerfer
Der die Nacht durchschneidet

Ich sah den breiten Rumpf meines Reittiers
Und erinnerte mich an deine Hüften

Hier befinden sich die Infanteristen
Auf dem Rückzug und lesen Zeitung

Der Sanitätshund kehrt zurück
Mit einer Pfeife in der Schnauze

Eine braune Eule ein Paar gelbbraune Flügel matte Augen
Ein kleines Katzengesicht und Katzenpfoten

Eine grüne Maus rennt durch das Moos

Der Reis im Topf ist verbrannt
Er dient uns als Warnung
Dass wir auf viele Dinge achten müssen

Das Megaphon schreit
Erhöhen Sie Ihre Reichweite

Die Ausrichtung der Reihen
Schwere Becken geschlagen von Engeln
Zu Ehren des Gottes der Heerscharen

Ein nackter Baum auf einem Hügel

Das Geräusch von Traktoren die ein Tal besteigen

O alte Welt des Neunzehnten Jahrhunderts
Mit deinen hohen Schornsteinen so schön und so rein

Männlichkeit unseres Jahrhunderts
In dem wir uns befinden
O Waffen

Die Erschütterungen der 75 Millimeter Granaten
Frommes Glockenspiel

Verwicklungen

Seile aus Schreien

Über Europa schellt die Glocke
Schwingender Jahrhunderte

Schienen verbinden Nationen
Nur zwei oder drei Menschen
Sind frei von Fesseln
Lasst uns die Hände reichen

Starker Regen kämmt den Rauch
Seile
Gewebte Seile
Unterwasserkabel
Türme zu Babel werden zu Brücken
Spinnen-Päpste
Jeder Liebende ist durch ein einziges Band verbunden

Andere fadenscheinigere Bande
Weiße Lichtseile
Einträchtig und gefesselt

Ich schreibe nur um euch zu preisen
Oh Sinne oh liebe Sinne
Feinde der Erinnerung
Feinde des Begehrens

Feinde des Bedauerns
Feinde der Tränen
Feinde von allem was ich noch liebe

Postkarte

Ich schreibe dir aus meinem Zelt
Da dieser Sommertag erlischt
Wie eine schillernde Lichtstreuung
In einem fast azurblauen Himmel
Der Donner eine Kanonade
Erlischt bevor er lebt

Ein Vogel singt

Ein Vogel singt ich weiß nicht wo
Ich glaube deine Seele wacht
Über all die kleinen Soldaten
Und der Vogel verzaubert mein Ohr

Höre wie zärtlich er singt
Ich weiß nicht auf welchem Ast
Er bezaubert mich wo ich auch hingehe
In der Nacht und am Tag in der Woche und am Sonntag

Aber was soll ich über diesen Vogel sagen
Und was über die Metamorphosen
Der Seele die in den Sträuchern singt
Des Herzens im Himmel und des Himmels in den Rosen

Der Soldaten Vogel ist die Liebe
Und meine Liebe ist ein Mädchen
Die Rose ist nicht so perfekt und für
Mich allein singt der blaue Vogel aus voller Kehle

Blauer Vogel so blau wie das blaue Herz
Meiner Liebe mit ihrem himmlischen Herzen
Singe dein schönes Lied noch einmal
Für das todbringende Maschinengewehr

Das am Horizont knattert und
Und das unsere Sterne sät
So ziehen unsere Tage und Nächte dahin
Liebe so blau wie das Herz

Simultanität

Die Kanonen donnern in der Nacht
Wie Sturmwellen
Die Herzen werden von einer großen Langeweile erschüttert
Langeweile die sich ständig wiederholt

Er beobachtet die Ankunft der Gefangenen
Die Stunde ist so süß
In diesem großen stillen Lärm
Eine große Stille die stetig größer wird

Er hält seinen Helm in den Händen
Um vor der Erinnerung zu salutieren
Jenen Lilien Rosen Jasmin
Die in Frankreichs Gärten blühen

Und unter seiner verdeckten Maske
Stellt er sich das dunkle Haar vor
Doch wer wird auf ihn am Kai warten
O riesiges Meer der malvenfarbenen Schatten

Schöne Walnüsse vom lebendigen Baum
Vergeblich rüttelt der Wahnsinn an deinen Ästen
Ein dunkelhaariges Mädchen lauscht den Vögeln
Die auf ihrer Schulter zwitschern

Unsere Liebe ist ein Strahl
Der aus dem Herzen hervorsticht
Aus derselben Glut des Herzens
Die über dem großen Leuchtturm aufgeht

Ein Leuchtturmstrahl meiner Erinnerungen
Das schwarze Haar von Madeleine
Der schreckliche Schusswechsel
Sorgt plötzlich für Klarheit
In deinen lieblichen Augen Madeleine

Die Zukunft

Lasst uns das Stroh aufheben
Betrachten wir den Schnee
Lasst uns Briefe schreiben
Aufmerksam auf die Befehle warten

Lasst uns eine Pfeife rauchen
Und von der Liebe träumen
Dort sind die Gabions
Lasst uns die Rosen ansehen

Die Brunnen sind nicht versiegt
Nicht mehr als das Gold des Strohs verblichen ist
Lasst uns die Bienen betrachten
Und nicht an die Zukunft denken

Lasst uns unsere Hände betrachten
Die der Schnee sind
Die Rose und die Biene
Und auch die Zukunft

Liebesgedichte

Neuntes geheimes Gedicht

Ich liebe dein Haar es ist die perfekte Triangel
Der Göttlichkeit
Ich bin der Holzfäller des einzigartigen Urwaldes
O mein El Dorado
Ich bin der einzige Fisch in deinem sinnlichen Ozean
Meine liebliche Sirene
Ich bin der Bergsteiger auf deinen schneebedeckten Gipfeln
O meine weißen Alpen
Ich bin der geweihte Bogenschütze auf deinem süßen Mund
O mein liebster Köcher
Ich bin der Schlepper deiner nächtlichen Haare
O schönes Schiff auf dem Kanal meiner Küsse
Die Lilien deiner Arme senden mir Zeichen
O mein Sommergarten
Die Frucht deiner Brüste reift süß für mich
O mein duftender Obstgarten
Und ich erhöhe dich oh Madeleine oh du Schönste der Welt
Wie die Fackel allen Lichts

Brief-Gedicht

Schöne verbotene Frucht
Verlorenes Paradies
Vase deren Blumen sterben
Glücklich unter
Verstreuten Blütenblättern
Des herannahenden Winters
O blonde Biene
Flieg in die Sonne
Blumenmädchen o Königin
Der ruhigen Klarheit
Dein Haar
Hat mein Herz getötet
Gleichsam Skorpionen
Um dich in meiner Litanei
Zu ehren
Segne ich dich
Jungfrau im Tierkreis
Ich bin ein wenig gereizt
Seit ich verrückt bin
Nach einer Dame die
Sich nicht darum
Schert
Sie liebt einen anderen
Und ...
Unter dem Himmel
Halte ich eine Kerze

***

Meine armen Augen sind voll von dir
Wie ein See gefüllt ist mit dem Mond
Ich bete dich an auf beiden Knien
Mein blondes Mädchen das so dunkel scheint

Es gibt

Es gibt ein Schiff das meine Liebe forttrug
Es gibt sechs Würste am Himmel
Und in der kommenden Nacht sehen sie aus
Wie Maden die sich in Sterne verwandeln
Es gibt ein feindliches U-Boot das meiner Liebe Groll erregt
Es gibt eintausend kleine Pinien um mich herum
Die von Schrapnellen gefällt werden
Es gibt einen Infanteristen
Der vom Erstickungsgas erblindet vorübergeht
Es gibt diese Tatsache dass wir alles in den
Nietzsche- Goethe- und Kölner-Gräben vernichtet haben
Es gibt diese Tatsache
Dass ich mich nach einem Brief sehne der sich verspätet
Es gibt in meiner Brieftasche verschiedene Fotos
Meiner Liebe
Es gibt die Gefangenen die sorgenvoll
An der Mine vorbeikommen
Es gibt eine Waffenbatterie deren Besatzung
An ihren Stationen beschäftigt ist
Es gibt den Postoffizier der auf dem Weg
Der einsamen Bäume galoppiert
Es gibt wohl einen Spion hier von dem man sagt
Dass er unsichtbar wie der Horizont herumstreift
Der ihm als hinterhältige Tarnung dient
Es gibt eine Büste meiner Liebe so groß wie eine Lilie
Es gibt einen Kapitän der nervös auf Funknachrichten
Aus dem Atlantik wartet
Es gibt einen Soldaten
Der um Mitternacht die Sargbretter zurechtsägt
Es gibt Frauen die vor einem blutigen Christus

In Mexiko City um Mais flehen
Es gibt diesen warmen wohltuenden Golfstrom
Es gibt einen Friedhof voll mit Kreuzen 5 Kilometer
Von hier entfernt
Es gibt Kreuze überall wo du hinsiehst
Es gibt Kaktusfeigen die in Algerien auf Kakteen wachsen
Es gibt die weichen schlanken Hände meiner Liebe
Es gibt ein Tintenfass das ich aus einer 15-Zentimeter-
Rakete hergestellt habe die nicht losgegangen ist
Es gibt da meinen Sattel den ich dem Regen
Dort draußen überlassen habe
Es gibt Flüsse die nicht ihrem Lauf folgen
Es gibt die Liebe die mich sanft trägt
Es gibt diesen Kriegsgefangenen Boche
Der sein Maschinengewehr auf dem Rücken trug
Es gibt Männer die nie im Krieg waren
Es gibt Hindus die den Feldzug des Westens
Mit Erstaunen beobachten
Sie denken betrübt an all jene von denen sie sich fragen
Ob sie sie wiedersehen werden
Weil wir die Kunst der Unsichtbarkeit in diesem Krieg
Rasch vorangetrieben haben

Ich denke an dich meine Lou

Ich denke an dich meine Lou dein Herz ist meine Kaserne
Meine Sinne sind deine Pferde deine Erinnerung
Meine Verpflegung

Heute Nacht wimmelt der Himmel von Säbeln und Sporen
In der Dämmerung brechen die Kanoniere beladen
Und vorbereitet auf

Aber in meiner Nähe sehe ich immerzu dein Bild
Dein Mund ist die brennende Wunde des Mutes

Unsere Fanfaren durchstoßen die Dunkelheit
Wie deine Stimme
Wenn ich zu Pferd reite sehe ich dich neben mir traben

Unsere 75 Millimeter Granaten sind anmutig
Wie dein Körper
Und dein Haar ist wild wie eine Explosion im Norden

Ich liebe dich deine Hände und meine Erinnerungen
Lassen zu jeder Stunde eine freudvolle Fanfare erklingen
Die Sonnen wiehern eine nach der anderen
Wir sind die Bunker auf die die Sterne herabfallen

Der schöne Rotschopf

Ich stehe vor dir als Mann von Bedeutung
Der das Leben kennt und alles was ein Lebender
Pber den Tod wissen kann
Der den Schmerz und die Freuden der Liebe erfahren hat
Und der manchmal in der Lage war seine Ideen durchzusetzen
Der fließend mehrere Sprachen spricht
Der weit gereist ist
Der den Krieg in der Artillerie
Und in der Infanterie gesehen hat
Der verwundet wurde mit zerbohrtem Schädel
Durch das Chloroform
Der seine besten Freunde in den Schrecken des Krieges verlor
Ich kenne genauso gut wie jeder einzelne das Alte
Und das Neue
Und ich gräme mich nicht länger wegen dieses Krieges
Zwischen uns und für uns selbst meine Freunde
Beurteile ich diesen langen Konflikt zwischen Tradition
und Erneuerung
     Von Ordnung und Abenteuer

Du dessen Mund nach dem Bilde Gottes erschaffen wurde
Ein Mund der die Ordnung selbst ist
Sei freundlich wenn du uns vergleichst
Mit jenen die der Gipfel der Ordnung waren
Uns die überall nach Abenteuern suchten

Wir sind nicht deine Feinde
Wir wollen dir riesige und fremde Gebiete erschließen
Wo geheimnisvolle Blumen jeden dazu anstiften
Von ihm gepflückt zu werden

Territorien neuer Feuer und neuer Farben
Die noch niemand zuvor gesehen hat
Eintausend ungreifbare Phantasmen
Die ihre Wirklichkeit suchen
Wir wollen das weite Land der Güte erforschen
Wo alles still ist
Wo die Zeit fortgejagt oder zurückgeholt werden kann
Habe Mitleid mit uns die wir an den Grenzen
Des Uferlosen und der Zukunft gekämpft haben
Habe Mitleid mit unseren Fehlern und unseren Sünden

Der Sommer rückt an die Zeit der Gewalt
Und der Frühling ist dahin wie meine Jugend
O Sonne dies ist die Zeit glühender Vernunft
          Und ich warte darauf
Dieser edlen und sanften Gestalt für immer zu folgen
Jene Gestalt die sie annimmt damit ich nur sie lieben kann
Sie erscheint und zieht mich an wie ein Magnet
Das Metall anzieht
          Sie hat das hinreißende Aussehen
          Eines bezaubernden Rotschopfes

Ihr rotbraunes Haar gleicht
Einer unauslöschlichen Fackel
Oder einer stolzierenden Flamme
Aus verblassten Teerosen

Aber lacht mich ruhig aus
Ihr Männer von überall her ihr Menschen von hier
Weil es so vieles gibt was ich dir nicht zu sagen wage
So vieles was du mich nie sagen lassen würdest
Habe Mitleid mit mir

Die Spionin

Blasse Spionin der Liebe
In meiner kaum getreuen Erinnerung
Gab es nichts zu betrachten als diese schöne
Zitadelle eine Stunde einen Tag

Du verhüllst dich wie es dir gefällt
Erinnerung Spionen meines Herzens
Du hast deine brillante List verloren
Und allein das Herz trägt den Sieg davon

Aber siehst du diese Erinnerung
Mit verbundenen Augen bereit zu sterben
Sie beteuert dass man ihr vertrauen kann
Mein Herz wird mühelos siegen

XXXIII

Meine liebe kleine Lou ich liebe dich
Mein lieber kleiner herzklopfender Stern ich liebe dich
Du köstlich schmiegsamer Körper ich liebe dich
Nussknacker-Vulva ich liebe dich
Linke Brust so rosa so unverfroren ich liebe dich
Rechte Brust so zart getönt ich liebe dich
Rechte Brustwarze im ebenen Champagnerton
Ich liebe dich
Linke Brustwarze gleich einer Beule auf der Stirn
Eines neugeborenen Kalbes ich liebe dich
Hypertrophe Schamlippen mittels einer Berührung
Ich liebe euch
Entzückend lebendig-rundes Gesäß ich liebe dich
Nabel gleichsam eines hohlen dunklen Mondes
Ich liebe dich
Leichtes Vlies wie ein Winterwald ich liebe dich
Achselhöhlen flauschig wie ein junger Schwan
Ich liebe euch
Reine bezaubernde Schulterkurven ich liebe euch
Geschwungener Oberschenkel so ästhetisch
Wie eine alte Tempelsäule ich liebe dich
Ohren in der Form kleiner mexikanischer Juwelen
Ich liebe euch
Haare im Blut der Liebe getränkt ich liebe euch
Weise haltgebende Füße ich liebe euch
Reiterhüften kraftvolle Hüften ich liebe euch
Taille die nie ein Korsett gekannt hat geschmeidige Taille
Ich liebe dich
Wundervoller Rücken der sich für mich verbiegt
Ich liebe dich

Mund o meine Köstlichkeit o mein Nektar ich liebe dich
Einzigartiger Blick Sternenblick ich liebe dich
Hände deren Bewegungen ich liebe ich liebe euch
Feine aristokratische Nase ich liebe dich
Tanzender schaukelnder Gang ich liebe dich
O kleine Lou ich liebe dich liebe dich liebe dich

XXIII

Vier Tage erhielt ich nun keine Briefe von dir meine Liebe
Der Tag ist vorüber die Sonne ist ertrunken
Die Kaserne hat sich in ein Schreckenshaus verwandelt
Und ich bin traurig wie ein hinterhergezogenes Pferd

Was ist mit dir meine Liebe leidest du
Weinst du Du hattest versprochen mir zu schreiben
Bringe deine Waffen dazu mir einen Brief abzufeuern
Gib mir mein Leben und mein Lächeln zurück

Achtmal hat der Wärter mir geantwortet
„Keine Briefe für dich"
Und ich habe beinahe geweint
Und nun suche ich in der Nachbarschaft
Jenen süßen streunenden Hund
Den wir zusammen gesehen haben meine größte Liebe

Mit dir in meinen Gedanken streichle ich ihn
Ich denke dass er sich an den Tag erinnert
An dem wir ihm begegnet sind
Denn er leckt mich ab und sieht mich zärtlich an
Er ist mein einziger Freund in Nîmes

Ohne Nachricht von dir versinke ich in Verzweiflung
Was machst du bringe mir morgen bitte einen Brief
Der Tag ist vorüber Möge er sich in Gold verwandeln
In Trauer küsse ich deine Hand Lou

Linda

Lass mich hier den süßen Geist meiner Liebe beschwören
Indolent und traurig spielend am Klavier
Nocturnes oder traurige Lieder die in den Schatten
Die Waffen ihrer Seele demontieren
Damit ihre Finger zur Ruhe kommen
Am Ende der Musik bebend wie eine Frau

XXXII

Geliebte Lou heute Nacht werde ich im Graben schlafen
Der in der Nähe unserer Stellung gezogen wurde
Zwölf Kilometer von hier entfernt sind
Die Löcher meines horizontfarbenen Mantels
Ich steige hinab während Granaten explodieren
Dort lebe ich mit den Höhlenbewohnern meinen Kameraden
Der Zug hielt in Mourmelon-le-Petit
Ich kam glücklicher an als ich fortgegangen war
In Kürze erreichen wir unsere Einheit
Jetzt bin ich bei der Infanterie
Granaten flüstern am grauen Nordhimmel
Aber niemand denkt daran dass er sterben wird

***

Wir werden unser Leben an vorderster Front führen
Ich werde deine Arme besingen wie die Hälse der Schwäne
Ich werde deine göttlichen Brüste besingen
Der Flieder wird blühen
Mein Lied wird deinen Augen gleichen
Wo ein ganzer Chor anmutiger Engel tanzt
Der Flieder wird blühen o folgenreicher Frühling
Mein Herz lodert für dich wie eine Kathedrale
Der Ruf der großen Liebe zu den Waffen ertönt
Armes Herz arme Liebe Preise das Rasseln
Das aus meinem Leben emporsteigt
Um auf deine Schönheit zu treffen
Ich schicke dir eine Granate mit Treue
Und mein Kuss soll über dir explodieren meine Lou

***

Meine Erinnerungen sind diese unendlichen Ebenen
In denen jede schwarze Krähe einen Zirkumflex bildet
Meine Lou
Das Flugzeug der Liebe hat seine Flügel ausgespannt
Und überall wo du hinsiehst sind Gräber

***

Und glaube bitte nicht dass ich traurig bin oder mürrisch
Trotz dir trotz sehe ich alles durch die rosarote Brille
Ich weiß dass ich eines Tages
Meine kleine Lou zurückerobern werde
Treu wie ein Hund mit den Zähnen eines Wolfes
So bin ich geliebte Lou zäher
Als ein Bergadler der das Fleisch verschlingt

***

Vier Tage auf der Reise und ich bin müde
Aber glücklich Nîmes hinter mir gelassen zu haben
Geliebte Lou ich bin glücklich wirklich glücklich
Und voller Lachen während ich diese Zeilen schreibe

***

Der Schlamm auf dieser überfluteten Straße ist schrecklich
Die leuchtenden Augen der Infanteristen sind schmerzerfüllt
Wir werden nicht mehr durch den Wald gehen
Die Liebenden werden bald sterben
Und ihre Geliebten anlügen

***

Ich höre den Wind in den düsteren Kiefern raunen
Ich habe mich in Melancholie verloren
O Lou deine großen Augen waren meine einzigen Freunde
Habe ich nicht schon alles verloren seitdem
Meine Lou mich vergessen hat

***

1915 ein Jahr in dem so viele Männer starben
Versunken in der Erde zwischen den Furien
Lasst uns würfeln um das Schicksal zu offenbaren
Ich höre die beiden Artillerien würfeln

***

Lebewohl kleine Lou o Lou meine einzige Liebe
        O mein Sklave flieh
Unsere Liebe die unter der Sonne gedieh und nicht im Regen
        War einen Augenblick zu kurz

Das Meer blickt zärtlich auf uns mit glasigen Augen
        Und die goldenen Orangenbäume
Haben uns Früchte geboren Sie blühen noch immer
        Und ich höre die raue Stimme

Deutsche Gewehre bellen über Mourmelon
        – Schreie aus dem Graben –
O meine Lou meine furchtsame Rose
Bist du immer noch wütend
        Sind deine Augen aus Blei

***

O Lou Dämonenkind der wütenden Küsse
Ich nehme dich in meine Arme meine Schöne

***

Zwei Feldwebel spielen Schach und lachen
Eine teuflisch schöne Frau mit blutrotem Haar
Bekreuzigt sich mit heiligem Wasser
Jemand feilt einen Ring aus dem Aluminium
Der Hülse einer österreichischen Granate
Eine Infanteristenmütze bringt die Sonne auf dieses Grab
Du trägst meine Ketten um deinen Hals
Und ich die deinen um mein Handgelenk
Hier wird Champagner in der Offiziersmesse geschlürft
Die Deutschen befinden sich dort hinter den Hügeln
Die Verwundeten schreien wie Ariadne
O schwermütige Namen großer Freuden
Rom Nizza Paris Cagnes Grasse Venedig
Sospel Menton Monaco Nîmes
Ein schneebedeckter Zug bringt Neuigkeiten
Aus der Champagne in das sibirische Tomsk
Lebewohl meine kleine Lou Lebewohl
Lebewohl das Haar des Himmels ist grau

LXXXV
Epigramm

Mein entzückender Gärtner
Möchte wissen warum
Dir niemand auf den Hintern klatscht
Weißt du nicht so wie ich
Man sollte Frauen niemals schlagen

Nicht einmal mit der seltensten Blume ... ja Madam

Der Autor

2012 veröffentlichte Patrick Breuer sein Buch mit dem Titel „Patrice Lumumba – Herz Afrikas". Im Anschluss widmete er sich vermehrt der französischen Dichtung. Hierbei fand er Eingang in die Welt der Symbolisten und der Surrealistenbewegung. 2015 studierte er Literarisches Schreiben. Neben der Übersetzung diverser Poeme und Kurzstücke schreibt der Autor auch eigene, zumeist surreale Texte.

novum VERLAG FÜR NEUAUTOREN

Der Verlag

*Wer aufhört
besser zu werden,
hat aufgehört
gut zu sein!*

Basierend auf diesem Motto ist es dem novum Verlag ein Anliegen neue Manuskripte aufzuspüren, zu veröffentlichen und deren Autoren langfristig zu fördern. Mittlerweile gilt der 1997 gegründete und mehrfach prämierte Verlag als Spezialist für Neuautoren in Deutschland, Österreich und der Schweiz.

Für jedes neue Manuskript wird innerhalb weniger Wochen eine kostenfreie, unverbindliche Lektorats-Prüfung erstellt.

Weitere Informationen zum Verlag und
seinen Büchern finden Sie im Internet unter:

www.novumverlag.com